Mobil sein in der Zukunft

BoD

Für meine Eltern und mein Dank geht an unzählige Fachexperten, die durch ihre Impulse dieses Buch möglich gemacht haben. Unter elektroautovergleich.org können Sie meine Arbeit an der Zukunft der Mobilität weiter verfolgen.

Jürgen Vagt

Mobil sein in der Zukunft

Keine Emissionen , Weniger Unfälle, Weniger Besitz , Mehr digitale Vernetzung

Bibliografische Information der Deutschen Nationalbibliothek:
Die Deutsche Nationalbibliothek verzeichnet diese Publikation in der Deutschen Nationalbibliografie; detaillierte bibliografische Daten sind im Internet über http://dnb.dnb.de abrufbar.

Herstellung und Verlag: BoD – Books on Demand, Norderstedt

ISBN: 978-3-7347-3439-7

Inhaltsverzeichnis

Einführung

Ich bin ein Automann, wie man so sagt, und kann mir wenig Schöneres vorstellen als mit einem Cabrio an der Küste lang zu fahren, aber anderseits frage ich mich auch warum der tägliche Weg zur Schule, Arbeit oder Uni den Klimawandel vorantreiben muss. Diese Frage ist in eine intensive Beschäftigung in meiner Promotion über Elektromobilität gemündet, denn trotz einer emotionalen Bindung an das Auto, sehe ich keinen Sinn mehr darin mit 500 PS im Stau zu stehen. Aber abgesehen von der emotionalen Bindung, kann ich mir ein modernes Leben ohne Auto nicht vorstellen. Denn wir haben unser modernes Leben mit unseren Häusern in der Vorstadt und unseren Hobbys um das fossile Auto herum gebaut. Daher muss auch der Verkehr einen Beitrag zu der Jahrhundertaufgabe Klimaschutz leisten und wir müssen andere Formen der Mobilität finden, die weniger schädlich für den Planeten sind.
Ein Besuch in Vietnam hat mich stark sensibilisiert gegenüber den vermeidbaren Verkehrstoten, denn dort kann man fast noch täglich Verkehrstote auf der Straße sehen. Diese Reise hat mir einen anderen Zugang zu den ca. 3500 Verkehrstoten in Deutschland geliefert, denn nach allem was man weiß sind die Verkehrstoten vermeidbar. Die westlichen, postindustriellen Gesellschaften sind am Anfang einer Transformation zu einem anderen, vielleicht nachhaltigeren Verkehrssystem. Ein System, das vielleicht weniger Verachtung durch nachfolgende Generationen erzeugen wird, als das gegenwärtige fossile Verkehrssystem.
Diese Veränderungen können so groß und mächtig sein, wie die 1. industrielle oder die Internetrevolution werden. Konkrete oder spezifische Vorhersagen sind natürlich schwierig, aber ich möchte drei zentrale Entwicklungsfelder in der Mobilität beschreiben.
So wie die industrielle Revolution die Produktionsweise massiv verändert hat und die Einführung der Internets die Kommunikation

weltweit und tief gehend verändert hat, werden diese drei Entwicklungen die Mobilität der Menschen gravierend verändern. Natürlich hat die Automobilindustrie insbesondere in Deutschland mit ihrem 26 % am Exportvolumen und Ihren 5 Millionen Beschäftigten eine zentrale Stellung, aber diese Veränderungen werden weit über die Automobilindustrie hinausgehen.

Falls die aufstrebenden Nationen und Regionen wie China, Indien oder Lateinamerika ohne den Umweg über das fossile Verkehrssystems gleich ein modernes Verkehrssystem einführen, können Millionen von Menschenleben gerettet werden und die Lebensqualität von Milliarden Menschen würde sich verbessern. Es gibt ja viele Studien, die sich mit dem Verhältnis von Gesundheit und Luftqualität beschäftigen, so kam eine WHO- Studie zum Ergebnis, dass jährlich 7 Millionen Tote durch Verkehrsemissionen entstehen. Als Ökonom kann ich natürlich auch die Ineffizienz des konventionellen Verkehrssystems nicht ausstehen, denn ein Fahrzeug steht im Regelfall 23 Stunden des Tages unbenutzt herum.

Der Durchschnittsautofahrer steht gefühlt ein halbes Leben im Stau. Wir in den westlichen Nationen sind in einer Frühphase dieser Transformation, als ich im Winter 2015 dieses Buch schrieb, gibt es im Deutschland ca. 3500 voll elektrische Fahrzeuge in Deutschland. Das bei einem gesamten Fahrzeugbestand in Deutschland von 41 Millionen Fahrzeugen. Carsharing gibt es zwar schon seit Ende der 1970 er Jahre, aber erst seit 2010 ging es richtig los. Nun gibt es ca. 1 Million Fahrzeuge, die im Carsharing genutzt werden. Dies sind nur Anfänge einer veränderten Mobilität, aber ich möchte auch nicht die technischen Determinanten der modernen Mobilität detailgenau darstellen, sondern eine gesellschaftliche Debatte über eine moderne, nachhaltige und auch humanere Mobilität bereichern. Im Zuge der breiten, gesellschaftlichen Debatte sollte sich ein Konsens über die Zukunftsmobilität etablieren, daraus werden unternehmerische Chancen und veränderte Arbeits- und Lebensformen entstehen.

Ich kann mich noch gut an meine Grundschulzeit erinnern, als sich eine Lehrerin drüber lustig machte, als wir Jungen von Autos berichteten, die mit dem Fahrer sprechen und Kommandos des Fahrers ausführten. Naive Phantasien von kleinen Jungen, die keine Lust mehr auf Geschichten von Feen und Elfen hatten, und deren Gedanken abschweiften.

Ende der 1990 er Jahre führt Mercedes Benz die Spracherkennung in ihrer Oberklasse ein. Die Technikversionen wurden unsere Alltagsrealität und heute können wir uns mit intelligenten Uhren oder Smartphones unterhalten. In dieser Strömung wurde unser Leben durch Technologie einfacher, bequemer und sicherer und wenn man die Entwicklung als Tatsache akzeptiert, dann kann oder muss man daran glauben, dass durch die Elektrifizierung des Automotors und Reduzierung des menschlichen Einflusses auf das Verkehrsgeschehen und den Wechsel zum Nutzen statt des Besitzes von Fahrzeugen möglich ist.

Im Wesentlichen will ich in diesem Buch ein paar Linien finden, die die Zukunftsmobilität bestimmen und determinieren werden. Einiges dürfte Ihnen bekannt vorkommen, wie die Konkretisierung der Klimadebatte auf den Verkehrssektor. Aber für viele dürfte der Gedanke noch sehr befremdlich sein, ein Auto zu nutzen ohne es zu besitzen. Wenn wir ehrlich sind, ist der Gedanke eher abschreckend, in einem automatisierten Auto zu sitzen. Das eigene Leben und die eigene Gesundheit hängt an einem Rechner im Auto und in der Tat die psychologische Hürde ist beim automatisierten Autofahren am höchsten.

Ich werde den Weg zum Null Emissionsauto beschreiben. In groben Zügen ist Ihnen die Klimawandel Debatte mit Ihren Auswirkungen auf den Energiesektor und den Ausbau der erneuerbaren Energien bekannt. Seit Beginn der industriellen Revolution um 1850 und der massiven Nutzung der fossilen Energieträger wie Kohle und Öl, hat sich der

menschengemachte CO 2 Ausstoß vergrößert. Infolgedessen wärmt
sich die Atmosphäre auf, seit 40 Jahren steigt das Umweltbewusstsein
und die politische Diskussion über das fossile Energiesystem. Seit 1999
wird der Ausbau der erneuerbaren Energien gefördert und Solar, Wind
ist heute nicht mehr aus dem Energiesystem wenigstens in Deutschland nicht mehr weg zudenken. Da bleibt aber noch das fossile Auto,
der automobilen Großindustrie wird die Schuld an der Klimaschädi-
gung geben. Der politisch- automobile Komplex wird als schmutzige Industrie angesehen, obschon dieser im großen Maße nur Kundenbe-
dürfnisse erfüllt. Ich erspare Ihnen mal die Feinheiten, der globalen
wie nationalen Klimadebatte und man kann heute davon ausgehen das
es sowohl eine kritische Erderwärmung gibt als auch der Mensch und
sein Verhalten dafür verantwortlich sind. Im Großen und Ganzen wird
auch in der Autoindustrie dieser Zusammenhang und die eigene Verantwortung akzeptiert. Gut, es gibt hier und da noch mal Aussagen
von Ferrari Chefs der ewig-gestrigen Automobilleute, aber der Durchschnitt der Automobilindustrie wendet sich vom Verbrennungsmotor
ab. Auch in den USA, wo bis dahin hubraumstarke V 8 Motoren domi-
niert haben, werden immer schärfere Emissionsgrenzen eingeführt.
Seit Ende der Weltfinanzkrise 2009 kommen vermehrt alternative Antriebe auf den Markt, zwar besteht weiterhin das Risiko, dass diese
Entwicklung ein Strohfeuer bleibt, wie die Ölpreiskrise in der Mitte der
1970 er Jahre oder der Miniboom der batteriebetriebenen Elektroautos am Ende der 1990 er Jahre in Kalifornien.
  Aber dieses Risiko wird immer kleiner.

Kapitel 1 – Geben wir beim Autofahren das Steuer ab

In der Mehrzahl der Studien nimmt der gesellschaftliche Status des Autos in westlichen Industrienationen ab, die Zeiten wo der Führerschein
sehnsüchtig mit 18 Jahren erwartet wurde, sind vorbei. Die frühere
Rolle des Autos hat immer mehr das Smartphone.

Der zunehmende Statusverlust des Autos teilt sich mit der Etablierung
der Elektromobilität ein anderes Thema.

Automatisiertes Fahren. Ich bin mir nicht sicher, ob aus diesem Thema
schon eine Strömung der Zukunftsmobilität werden kann. Aber in den
beiden letzten Jahren hat sich einiges getan und europäische Hersteller verbauen schon einige Module, die automatisiertes Fahren ermöglichen. Bitte verstehen Sie mich nicht falsch, fast 90 % aller tödlichen
Unfälle werden durch menschliche Fehler verursacht und daher gehört
automatisiertes Fahren in eine Darstellung über Zukunftsmobilität. Der
automobile Straßenverkehr gehört immer noch weltweit gesehen zu
den Top 10 Killer, damit reiht sich der Autoverkehr neben den großen
Volkskrankheiten ein. Der Straßenverkehr hat in den westlichen Industrienationen seinen Schrecken verloren, denn z. B. in Deutschland fällt
die Zahl der Verkehrstoten von 20000 im Jahr 1970 auf 3500 Tote in
den 2010 Jahren kontinuierlich. Aber in Afrika und Asien ist der Autoverkehr immer noch brandgefährlich, dass kann ich aus einiger An-
schauung in Vietnam bestätigen. Ich habe persönlich an einem Tag in
Vietnam drei Verkehrstote gesehen. Aber momentan ist wenigstens
für mich nicht klar, dass sich das automatisierte Autofahren durchsetzt. Es hat schon einige Versuche gegeben, das automatisierte Autofahren zu etablieren und bislang hat sich das computerbasierte, automatisierte Autofahren nicht flächendeckend etabliert. Als wichtige Ergänzung zum automatisierten Auto werde ich auch die digitale Vernetzung des Autos beleuchten. Wenn man die Sicherheit im automobilen
Straßenverkehr ernst nimmt, dann muss man anfangen den Menschen
als Unfallrisiko auszuschließen, denn die passive Sicherheit des Autos
ist durch Airbags, Gurtstraffer und Sicherheitszellen sehr weit fortge-
schritten. Da bleibt nur noch den Menschen als Unfallursache anzuge-
hen, und ihm die Verantwortung zum Autofahren zu entziehen. Das
Thema automatisiertes Autofahren hat in den letzten Jahren durch die
Versuche des Suchmaschinengiganten Google in den Jahren ab 2012
einen massiven Schub bekommen. Nun hat das automatisierte Google-

auto schon 1000000 Kilometer ohne Unfall überstanden. Der technische Impuls kommt zwar aus der Softwarewelt, nur das automatisierte Auto stößt auf Kooperationsbereitschaft in der etablierten Automobilindustrie. Befürworter des automatisierten Autos führen auch in das argumentative Feld, dass das heutige Auto ohnehin schon mit viel Elektronik befüllt ist, so dass der Sprung zum automatisierten Autofahren klein wäre. Zudem gibt es heute im Gegensatz zur Vergangenheit mehr automatisierte Bahnen, aber die Gegner führen den menschlichen Faktor ins Feld. Denn Menschen vertrauen Menschen und möchten das Gefühl der Kontrolle besitzen. Das Thema ist ja auch für andere Verkehrsträger wie Bahnen oder Flugzeuge relevant und auch bei diesen Forstbewegungsoptionen, hätte seit 20 -25 Jahren das Steuern automatisiert werden können. Nur die Akzeptanz durch die Passagiere fehlte.

Kapitel 1 – Weniger Besitzen und mehr Nutzen

Carsharing wird Normalität, das ist meine These und die abschließende Strömung dieses Buches. Sein statt Haben, das hat schon Erich Fromm postuliert. Aber schon in der Gegenwart nutzen vor allem Großstädter, die Möglichkeit sich ein Auto zu teilen und es nur bei Bedarf zu nutzen. Viele Trends unser Zeit, wie die Verstädterung als der verstärkte Zuzug von immer mehr Menschen in die Stadt oder die Verbreitung des Online – Handels machen es für weniger Menschen sinnvoller ein Auto zu besitzen.
Zwar ist den Begriff der Sharing – Economy erst in den Beginn der 2010 er Jahre aufgekommen, aber das Teilen von Autos in einer Gemeinschaft gibt es schon seit den 1970 er Jahren. Insbesondere für Großstädter macht es wenig Sinn viel Kapital für ein Auto zu binden, wenn man es nur schlecht parken oder unterstellen kann. Aber eben

wie Airbnb eine Alternative zum Besitzen einer Wohnung schafft, so schaffen Carsharing Plattformen eine Alternative zum Besitz eines Autos. Die digitale Vernetzung schafft weltweit einen Standard und eine wenn auch flüchtige Gemeinschaft, so ersetzt Uber weltweit Taxifahrer, aber schafft auch neue Verdienstmöglichkeiten. In der kurzen First werden wohl die Zweitwagen durch Carsharing ersetzt, dann kann der Kunde Mobilität nachfragen und muss überhaupt kein Auto besitzen. Kleider -tauschbörsen etablieren sich, so kann Kleidung getragen werden ohne sie besitzen zu müssen. Stationäres Carsharing gibt es schon lange, dies ist aber durch free floating Carsharing ergänzt worden. Einige Stimmen behaupten auch, dass das stationäre Carsharing durch die Free Floating Ansätze ersetzt wird. Beim Stationären Carsharing wird das Fahrzeug an einer festen Station des Carsharing Betreibers entliehen und muss auch an diesem Standort wieder abgegeben werden. In den Freefloatingansätzen kann das Auto mit einem Smartphone lokalisiert werden und kann einer beliebigen Position des Einzugsgebietes des jeweiligen Carsharing Betreibers abgegeben werden.

Dazu sind in den letzten Jahren online -basierte Plattformen hinzu gekommen, wo man sein Auto einstellen kann. Der Internetnutzer meldet seine Nutzung an und zum vereinbarten Zeitpunkt wird das Auto für einen bestimmten Zeitraum und Kilometeranzahl verliehen.

Kapitel 1 – Der Verkehr wird digital

Oder ist die globale Mobilität schon digital, in Großstädten und urbane Zentren wahrscheinlich schon. Denn seit 2004 und 2005 haben sich Smartphones als Bestandteil des modernen Lebens etabliert und online -basierte Mobilitätsoptionen haben sich durchgesetzt, so braucht man in Großstädten nur ein paar Minuten bis ein Fahrzeug über Uber oder einen anderen Carsharingdienst herbeigerufen. Natürlich können weltweit auch schon klassische Taxidienste über ein Smartphone herbeigerufen werden. Uber hat in sehr aggressiver Weise den klassischen Taximarkt verändert und in manchen Städten gibt es gegenwärtig mehr Fahrzeuge, die über Carsharing Dienste wie Uber und mit einem Fahrer genutzt werden können, als Taxis. Ich bin schon in meinem Blog darauf eingegangen, aber diese steigende Nutzung von Autos mit fremden Fahrern, macht den Weg frei, so dass in ferner Zukunft sich das voll autonome Autos etablieren kann.

Eine solche Nutzung wäre noch vor 10 oder 20 Jahren undenkbar und insbesondere die Automobilität ist seit dem Jahre 1885 da, hat sich aber lange nichts geändert. Nun kann man in den letzten Jahren große Änderungen sehen, sowohl bei den Antrieben als auch bei der Verkehrsnutzung. Denn langsam aber sicher etablieren sich elektrifizierte Antriebe und anderseits werden Autos heute anders genutzt. Die Digitalisierung unseres Lebens und die zunehmende digitale Vernetzung liefern die Voraussetzung für diese veränderte Automobilnutzung. Die Charakteristiken des modernen Verkehrs in den Großstädten wären noch vor 10 Jahren eine wilde Zukunftsutopie.

Ein Fahrzeug, das einem nicht gehört, zur Fortbewegung zu nutzen ist früher dem Taxi vorbehalten, aber heute können Fahrzeuge für wenige Stunden gemietet und genutzt werden. Diese vielfältigen Mobilitätsdienste können bequem über das Smartphone gesteuert werden. Bei den Fachzirkeln der Automobilindustrie sind sich wenigstens die klügeren und innovativen Köpfe einig, dass dem Elektroauto die Zukunft gehört und der Verbrenner bald der Geschichte angehört.
Es gehört noch ein bisschen Phantasie dazu, aber für die Fahrzeuge der Zukunft brauchen wir bald kein Tankstellen mehr, Sie könnten über wireless Chareging aufgetankt oder besser gesagt aufgeladen werden. Unsere Innenstädte werden nicht still, aber ein bisschen leiser und sauberer. Das Elektroauto erzeugt wenigstens lokal als am Auspuff keine Abgase und sind bedeutend leiser als die klassischen Verbrenner. Die Innenstädte gewinnen durch das Elektroauto an Lebensqualität

und die Geräuschbelastungen werden für die Stadtbewohner geringer. Als Leitlinien des zukünftigen Verkehrssystemes lassen sich nachfrage-orientierte, automatisierte und emissionsfreie Transportsysteme fest-machen.
Momentan gibt es einen großen Flickenteppich an Onlinelösungen, die die moderne Mobilität steuern, aber in Zukunft wird sich wohl ein um-fassende Mobilitätssoftware durchsetzen.
Basierend auf unserem Kalender und unseren Mobilitätsbedürfnissen wird uns diese Software eine idealen Mix aus privaten und öffentli-chen Verkehrsoptionen anbieten.
Dann wird fast beliebig zwischen verschiedenen Verkehrsträgern wie Bahn, Fahrrad, geleitetes Auto und eigenes Auto gewechselt. Neben der Software, die wir in der Form unseres Smartphones in der Hand halten, müssen sich auch noch Hardwarelösungen in unseren Städten und Vororten ändern.
Diese wird aber unter gewissen Prämissen erfolgen, denn die beste-hende Verkehrsinfrastruktur bestehend aus Ampeln, Straßen und Ge-bäuden soll den überflüssigen Verkehr in der Stadt eliminieren. Also die Fahrten zur Parkplatzsuche und die Taxen, die Kunden suchen. Der übrige Verkehr muss effizienter werden, so wird die Zukunft der Mobi-lität aussehen.

Kapitel 1 – Die Relikte der Vergangenheit in der Zukunftsmobilität

Wer hätte gedacht, das der Markt für Fahrräder wächst. Heute gilt die Fahrradnutzung in Großstädten als schick und wird auch durch Kommunen gefördert.
In den letzten Jahren gibt es immer mehr Leihsysteme, die für kleinere Wege das Fahrrad-verleihen anbieten. Ein Fahrrad kann an der Leih-

station entliehen werden und dann an einer anderen Leihstation abgegeben werden.

Diese Leihstationen haben sich stark in den Städten verbreitet, so gibt
es 2015 500 Fahrradleihsysteme weltweit.

Bei den Fahrradleihsystemen waren die skandinavischen Metropolen
Vorreiter.

Das gilt auch für die sogenannten Fahrradautobahnen, die in den skandinavischen Metropolen aufgebaut wurden. Die Idee hinter den Fahrradautobahnen ist die, man will die Geschwindigkeit des Fahrradver-
kehrs verbessern und die Gefährdung des Fahrradfahrers reduzieren.
Es werden also asphaltierte Wege in den Städten geschaffen, die nur
für Radfahrer reserviert werden und auf denen keine Kreuzungen vorhanden sind.

Dieses Konzept wird auch in London umgesetzt, das Bürgermeisteramt
von London erwartet sich eine Vervierfachung des Radverkehrs.

Die Gefährdung von Radfahrern könnte in Großstädten durch den Einsatz von autonomen Autos massiv reduziert werden, aber dazu später
in diesem Buch mehr.

Kapitel 1 – Die Verstädterung und der Verkehr der Zukunft

Welche gesellschaftlichen Trends sind für die Mobilität relevant,
da wäre auf jeden Fall die sogenannte Landflucht zu nennen. Es zieht
die Menschen immer mehr in die Städte oder in die urbanen Zentren.
Schon heute leben 53 % der Menschen in urbanen Zentren und die
Weltbank schätzt, dass es 70 % im Jahr 2050 sind.

Also prognostiziert die Weltbank, das 5 Milliarden Menschen gegenwärtig in urbanen Zentren leben und es in 30 Jahren also zum Stichjahr
2050 7 Milliarden werden sollen.

1900 gab es 15 Städte mit mehr als 1 Million Einwohner und heute
sind es 378.

Die urbanen Zentren bedecken nur 1 % der Oberfläche der Erde, sind aber für 80 % der klimarelevanten Gase verantwortlich

Und so weiter, die Verstädterung insbesondere in den Schwellennationen ist eine große Herausforderung.

Diesen Aspekt werde ich beim Kapitel für das Null- Emissionsauto aufgreifen und skizzieren welche Chancen das automatisierte Auto für Großstädte eröffnet.

Es ist viel über die Attraktivität von Großstädten geschrieben worden und die neue urbane, kreative Klasse treibt die innovativen Teile der Wirtschaft voran.

Aber der gegenwärtige Verkehr stört, ein modernes Verkehrssystem muss unnötigen Verkehr und Emissionen reduzieren und die Transportwege verkürzen.

Kapitel 2 – Die Elektrifizierung des Autos

Kern dieses Buches ist die Auseinandersetzung mit der Transformation zu elektromobilen Autoantrieben, wobei es wünschenswert wäre, wenn die Beteiligten die Etablierung des Elektroautos als Transformation begreifen würden und nicht nur als Wechsel von einer Technologie zu einer anderen. Insbesondere die Autoindustrie hat ein starkes Interesse daran, die Veränderung möglichst klein zu halten, damit ihnen gravierende Änderungen des Geschäftsmodells erspart bleiben. Das Autoabgase für den Menschen schädlich sind, ist eine nicht unbedingt eine neue Erkenntnis, trotzdem setzte seit dem 2. Weltkrieg in den Industrienationen eine Massenmobilisierung ein. Erst am Ende der 1960 er Jahre veröffentlicht der Club of Rome seinen viel beachteten Bericht – die Grenzen des Wachstums. 1992 gab es die erste Klimakonferenz in Rio de Janero, aber trotzdem war das Jahr 2014 das wärmste Jahr in der Geschichte und die meisten Nationen behalten einen kurz-

17

fristigen, fossilen Ansatz bei. Im Jahr 2012 hat die WHO (World Health Organisation) eine Studie veröffentlicht, in der 7 Millionen Tote pro Jahr dem automobilen Autoabgasen zu geschrieben werden. 225 Milliarden werden in Deutschland alleine für Asthma ausgegeben und in einigen chinesischen Städten sind die Hotelzimmer in den höchsten Etagen am günstigsten, weil die Luft in unteren Etagen nicht mehr auszuhalten ist. In einigen Städten der großen Schwellennationen wie China, Indien oder Brasilien überschreitet die Schadstoffbelastung schon das 15 Fache des Zulässigen, so die WHO. Aber selbst London ist in einigen Bereiche schlimmer belastet, als bestimmte Bereiche von Peking. Es gibt viele dieser Hochrechnungen, die Regelfall von Physikern entwickelt, worden. So wurde bestimmt, das Nuklearkatastrophe von Tschernobyl bei jedem Menschen auf dem Planeten 2 Tage Leben kosten. Mir sind diese Aggregatschätzungen immer ein bisschen suspekt, weil sie für den jeweiligen Menschen keine Relevanz haben und Aggregatschätzungen Umweltprobleme immer abstrakt halten. Aber das Ergebnis einer solchen Schätzung war das ca. 3500 Menschen der 8 Millionen Einwohner in London an den Ursachen der Schadstoffbelastung sterben. Auch im Jahr 2014 hat China Europa überholt, was den CO 2 Ausstoß angeht. Dieser Shift wird sich weiter fortsetzen und die CO2 Emissionen werden sich in die industriellen Schwellennationen verlagern und deren Energieversorgung basiert im Wesentlichen auf Kohle. Als ich dieses Buch im Winter 2015 schreibe , stehen wir vor der heiß ersehnten Klimakonferenz in Paris. Weltweit ruhen viele Hoffnungen auf dieser Klimakonferenz und sowohl der amerikanische Präsident als auch der chinesische Regierungschef wollen, den Klimaschutz auf dieser Konferenz voranzutreiben. Die Ergebnisse können Sie dann aus Ihrer Tageszeitung erfahren.

Das Auto ist hinsichtlich der Klimabelastung ein zentraler Faktor, denn weltweit gesehen werden ca. 30 % der CO_2 Emissionen durch den Transportsektor verursacht. Laut einer Studie des Umweltbundesamtes aus dem Jahr 2007 gehen 21 % der Emissionen in Deutschland auf das Auto zurück. Diese Diskrepanz zwischen den Verkehrsemissionen in westlichen Industrienationen und dem Durchschnitt in der Welt erklärt durch moderne Verkehrstechnologien in den westlichen Staaten. Weil in Westeuropa und mit Abstrichen in den USA moderne und verbrauchsoptimierte Motoren eingesetzt werden, bedeutet ein 1 % Wirtschaftswachstum relativ gesehen weniger Benzinverbrauch in Westeuropa als in den Schwellennationen. Also ca. 25 % der weltweiten Klimabelastung geht auf das Konto des fossilen Autos und die Klimabelastung führt zu einem Anstieg der Erderwärmung und dies gefährdet die Nahrungsmittelproduktion, die Wasserversorgung insbesondere in Ländern des Südens und infolge der steigenden Meeresspiegel werden weltweit Küsten gefährdet. Man muss bei den 25 % Emissionen allerdings beachten, dass dies nur für des Betriebs Fahrzeuges gilt. Die Emissionen, die bei der Produktion der Autos oder bei der Herstellung des Erdöls entstehen, werden nicht gesondert erhoben.
Nur durch den Betrieb hat das durchschnittliche Fahrzeug einen CO_2 Rucksack von 6 Tonnen. Die Crux liegt einfach daran, das der Verbrennungsmotor hochgradig ineffizient ist beziehungsweise nutzt dieses Motorenkonzept nur wenig Energie zum eigentlichen Vortrieb des Autos. Es entsteht Wärme, wo sie nicht gebraucht wird, daher haben fossile Fahrzeuge Kühler, um die Wärme des Motors auszugleichen. Natürlich floss die Klimadebatte in den Motorenbau ein, so können moderne Motoren mit weniger Kraftstoff die gleichen Leistungsparameter wie ältere Motoren anrufen. Aber diese technologischen Fortschritte

haben den Anstieg des Verbrauches und den damit verbundenen C02 Emissionen nur verlangsamt, aber nicht gestoppt. Wie viel Potenzial ist noch in den Verbrennungsmaschinen, um Benzinersparnisse zu realisieren. Die letzte große Innovation war die Einführung der Turboladers beim Diesel in den späten 1980 er Jahren. Die ersten Versuche mit einer Turboaufladung des Diesels machte Fiat, aber die flächendeckende Markteinführung nahm Audi vor. In den 2010 er Jahren ist die Turboaufladung fast schon Standard bei Diesel. Seit ein paar Jahren geistert ein Schlagwort durch die Automobilindustrie, denn mit Downsizing wird eine Verkleinerung des Motors benannt. Aus einem 10 Zylinder Saugmotor wird ein aufgeladener 8 Zylinder oder Fiat führt im Kleinwagen wieder wie in den 1950 er Jahren einen 2 Zylinder Motor ein. Allerdings sind die Effekte eher mager, denn man muss hochtourig fahren um den Geschwindigkeiten des modernen Verkehrs zu folgen, so dass unter Realbedingungen kaum Benzinersparnis realisiert wird. Hinzu kommt, dass moderne Fahrzeuge durch Nebenaggregate wie eine Klimaanlage, Servomotoren um den Kofferraumdeckel anzuheben oder die Satellitennavigation immer schwerer werden, so dass die Benzinersparnis durch das Mehrgewicht überkompensiert wird.

Kapitel 2 – Wird das Öl knapp

In den letzten Jahren ist es ein wenig still, um das Thema Erdölabhängigkeit geworden, aber bei den Ölpreiskrisen der 1970 er Jahre oder während der Hochpreiskrise des Jahres 2008 war die Abhängigkeit vom Erdöl und dessen Preisschwankungen ein großes Thema. Über die Endlichkeit dieser Ressource und Erdöl ist die größte Ressource in der Menschheitsgeschichte ist viel spekuliert worden. So hat sich der Club of Rome mit seiner Prognose aus dem Jahr 1970, dass im Jahr 2000 das Erdöl verbraucht ist, kräftig blamiert. Der Mini – Boom der Elektroautos in Kalifornien der 1990 er Jahre ist durch die Niedrigpreisphase des Erdöls eingeschlafen. Allerdings steigt der Erdölpreis in einen langfristigen Trend und die Zeiten des günstigen ÖL sind vorbei, dabei ist es eher unerheblich, wann das letzte Fass Erdöl gefördert wird, entscheidender ist das Erdöl im Schnitt zu teuer wird, um damit den Individualverkehr zu betreiben. Da wird die Suche nach Alternativen ein zentrales Thema, verschiedene Staaten forcieren die Suche nach Alternativen.

Diese Alternativen, die seit vielleicht 2005 stärker diskutiert werden , sind keineswegs neu. Wasserstoff und der damit verbundene Brennstoffzellenmotor sind schon 1820 erfunden, in der Zeit als der Benzinverbrennungsmotor patentiert worden ist, gab es schon viele Elektroautos in der Massenproduktion. Das erste Auto, das die 100 kmh Marke knackte, war elektrisch betrieben. Bis zum Jahr 1910 wurden mehr elektrisch betriebene Fahrzeuge als benzin- betriebene Fahrzeuge verkauft.

Der Verbrennungsmotor ist trotz seiner 130 jährigen Optimierung in seinen Konzept 1885 entwickelt worden. Mittels der Literleistung kann man den Effizienzgewinn in der Motorenentwicklung als Indikator darstellen, die Literleistung beschreibt die Menge an PS und Newtonmeter Drehmoment die aus einem Liter Hubraum gewonnen werden kann. Die Literleistung eines Seriensportwagen von Porsche entspricht der Literleistung eines Rennwagens von Porsche aus den späten 1960 er Jahren. Selbst bei Kleinwagen oder Kompaktwagen werden heute Literleistungen abgebildet, die vor 20 Jahren undenkbar waren. Seinen Erfolg verdankt der Verbrennungsmotor der kostengünstigen Versorgung mit Erdöl, so war die USA bis 1973 Erdölexporteur. Die beiden Siege in den Weltkriegen verdanken die USA und Großbritannien auch Ihren Erdölreserven.

Der andere zentrale Erfolgsfaktor war und ist die immense Energiedichte des Erdöls, Energiedichte beschreibt das Verhältnis von Masse zur Energiespeicherung. Eine Tasse Erdöl reicht um einen Berg hoch zu fahren, die gleiche Masse Batterie würde für ein paar Meter reichen.

Mag das Konzept 1885 erfunden wurden sein, aber seitdem hält der
Siegeszug des Verbrenners an und durch Standardisierung des Benzins
und Diesels und den weltweiten Ausbau des Tankstellennetzes gibt es
in der Gegenwart zwischen 600 Millionen und 700 Millionen Fahrzeuge. Die Zahl lässt sich leider nicht präzisieren, da in der dritten Welt
keine genauen Zulassungszahlen erhoben werden.
Aber seien es die Kriege in Nahost oder die steigende Terrorgefahr
oder die Klimaschutzbemühungen, wollen die Regierungen immer
niedrigere Emissionsgrenzen für Autos verbindlicher machen. Die briti-
sche Regierung hat das Nullemissionsauto für das Jahr 2050 verbind-
lich festgeschrieben und im Weißbuch der Europäischen Union steht
ähnliches. Hinsichtlich der Förderung von Ladestationen und Anreizen
wie vereinfachte Nutzung der Busspuren und gibt es weltweit unüber-
schaubare Initiativen. In der Gegenwart fokussieren sich die politische
Förderung auf die Etablierung der Elektromobilität in den Innenstädten .

Kapitel 2 – Das Elektroautos ist da

Gefühlt hängt in diesem Jahr 2015 an jeder zweiten Plakatwand der
Republik Werbung für Elektroautos. Der Trend zum Elektroauto entfal-
tet einen neuen und starken Innovationsschub in der Automobilindustrie und bietet die Möglichkeit, dass sich branchenfremde Unternehmen am Automobilbau beteiligen und neue Akteure in der Automobilwirtschaft verorten. Wenn man die Dekarbonisierungszenarien ernst
nimmt, muss der Transportsektor einen überproportionalen Beitrag
leisten. Kritiker der Elektromobilität argumentieren, dass durch Elektroautos sich die Emissionen nur von Erdöl zur Kohleverfeuerung verlagern würden. In der Tat muss wäre ein Elektroauto ohne Strom aus
erneuerbaren Energien oder Nuklearenergie kein Zugewinn für das Kli-

ma, allerdings würden die Emissionen dann nicht mehr lokal entstehen. Also die Innenstädte würden auch dann entlastet werden, wenn der Strom mit schmutziger Kohle erzeugt wird.

Das ist infolge des Ausbaus der erneuerbaren Energien in ganz Europa eine Scheindebatte. Aber man muss auch das Positivszenario betrachten, denn mit dem Ausbau der erneuerbaren Energien und der Etablierung des Elektroautos würde sich die Möglichkeit eröffnen, dass sich Strom exponentiell auch im Transportsystem verbreitet. Denn die Zeiten in der erneuerbare Energien ein Wohlfühlthema der ökologischen Linken war sind vorbei, so wird in Kalifornien schon 50 % der Energie aus erneuerbaren Energien und selbst im konservativen München soll die Stadt bis 2025 klimaneutral werden.

Die schwächelnde Energiewirtschaft in Deutschland kann durch die Elektromobilität einen Impuls gewinnen und sich neue Geschäftsfelder erschließen. Das könnte auch einen immensen volkswirtschaftlichen Schub bedeuten, denn die Exportausgaben, die für das Erdöl bzw. deren Import ausgegeben werden, würden wegfallen.

Mit der Wende zu einem anderen Energiesystem, also eine Reduzierung der fossilen Stromerzeugung hin zu erneuerbaren Energien, wird die Speicherdebatte wieder bedeutender. Denn bis auf Windenergie, die auf dem Meer gewonnen wird, sind erneuerbare Energien nicht grundlastfähig. Erneuerbare Energien können eben nicht bei Strombedarf oder dessen Spitzenlasten eingeschaltet werden. Diese Speicherproblematik könnte durch Elektroautos gelöst werden, denn die Elektroautos könnten in der Energiewirtschaft als Energiespeicher wirken. Dieser Lösungsansatz wurde immer breiter diskutiert, allerdings werden Autos auch vorrangig zu Tageszeiten genutzt, an denen der Stromverbrauch seine Spitzenlast erreicht. Also würde die Batterie als Energiespeicher fungieren, und mit dem Stand 2015 kann man sagen, dass es technisch möglich ist, die Batterie des Elektroautos als Stromspeicher zu nutzen. Allerdings ist es sehr fraglich, ob Batterien des Elektroautos eine ökonomisch sinnvolle Option zur Energiespeiche-

23

rung darstellen. Denn ein mittelgroßes Pumpspeicherwerk könnte die
Stromspeicherfähigkeit von 1 Million Elektroautos übernehmen und
das zu erheblich geringeren Kosten.
Es wird sich, aber ein Konflikt zwischen Energie – und Erdölunterneh-
men geben, denn die Frage ist, wer wird die Mobilität bestimmen.
Welche der beiden Branchen wird den Markt der Zukunftsmobilität
bestimmen. Zudem kann eine Regionalisierung der Energieversorgung
erwartet werden, im Gegensatz zur Erdölwirtschaft kann Strom bei erneuerbaren Energien regional produziert und in der Nutzung von Elektroautos verwertet werden.

Kapitel 2 – Wie geht es weiter mit dem Elektroauto

Als Konsens hat sich langsam aber sicher das Elektroauto heraus-
gebildet, die Mehrheit der Fachleute sehen in dem elektrifizierten
Fahrzeug den zentralen Baustein des künftigen Mobilitätssystems.
Dem teil elektrifizierten Fahrzeug also Hybrid wird die Funktion einer
wenn auch wichtigen Übergangslösung zugeschrieben.
Im Kern der Frage geht es darum, warum der Boom der Elektroautos
seit 2010 anders sein sollte als der erfolglose Boom der Elektroautos in
den 1990 er Jahren in Kalifornien oder das Erstarken der Elektroautos
nach den Ölpreiskrisen in den 1970 er Jahren.
Nun heute steigt eben die Mehrheit der Automobilhersteller in das
Thema ein und bringt Autos in den Vertrieb, im Gegensatz zu früher
bleibt es nicht bei Studien die auf Automobilausstellungen ausgestellt
werden. Der Technologiesprung ist durch die teil elektrifizierten Hybride kleiner geworden, denn der Pioneer der Hybridtechnologie Toyota
ist mit seinen Hybriden schon in der Gewinnzone. Das ist für eine
Technologie, die 1997 auf den internationalen Markt etabliert worden
ist, kein schlechtes Ergebnis.
Selbst Pertrolheads wie Bob Lutz befürworten das Elektroauto und se-

hen in dem Elektroauto großes Potenzial. Wenn Sie wissen möchten warum Bob Lutz einer der prominentesten Protagonisten des Verbrenners in der amerikanischen Automobilindustrie ist, sollte mal Dodge Viper googeln. Das zentrale Problem der Elektrofahrzeuge war und ist die Batterie, denn bei deutlich längeren Beladungszeiten als beim Verbrenner ist nur eine deutlich geringere Reichweite als bei einem Verbrenner möglich.
Nach dem Ersten Weltkrieg hat sich der Verbrennungsmotor durchgesetzt, denn schon das legendäre Modell T von Ford konnte 400 Kilometer Reichweite darstellen und das bei wenigen Minuten Zeit fürs Tanken.

    Die Forscher der Industrie liefern sich in den Jahren 2013 bis 2014 einen Streit, ob sich die Speicherfähigkeit der Batterie erheblich verbessern wird. Die beiden größten Autohersteller der Welt vertreten in diesen Jahren komplett konträre Standpunkte. Toyota favorisiert das Wasserstoffauto und hält große technische Durchbrüche bei der Batterietechnik bis zum Ende des Jahrzehnts. Wohingegen Volkswagen beziehungsweise dessen Technikvorstands schon um 2020 eine Batterie mit einer Reichweite von 500 Kilometer erwartet.
Die universitäre Forschung hat das Thema natürlich aufgegriffen und die technischen Universitäten sind weltweit dabei, die zukünftigen Batterien und komplette Elektroautos zu entwickeln. Die Forschungsaktivitäten sind weltweit zu bemerken und wenn ich richtig gezählt habe, dann gibt es 12 eigenständige Masterstudiengänge in Deutschland, die sich nur mit der technischen Elektromobilität beschäftigen. In Deutschland gibt es schon Lehrstühle die komplette Elektrofahrzeuge entwickeln und fertigen. Aber auch die Eliteuniversitäten in den USA forschen an diesem Thema, so haben Miti Forscher schon 2011 eine Batterie mit 500 Kilometer Reichweite entwickelt, das allerdings nur eine sehr geringe Lebensdauer hat.
Aber abgesehen von der technischen Frage, wie viel Kilometer Reichweite durch Batterietechnologien möglich werden, ist die Reichwei-

tendebatte eher psychologisch zu sehen. Denn bei 90 % der Fahrten braucht man die Reichweite eines fossilen Fahrzeuges nicht. Der durchschnittliche Deutsche fährt nämlich nur 5 mal im Jahr über 500 Kilometer, aber trotzdem ist die Notwendigkeit ins Auto zu steigen und 2000 Kilometer nach Rom fahren zu können, fest im Kopf verfestigt. Das Fahrzeug der großen und volumenstarken Autohersteller können die täglich benötigte Distanz auch heute schon darstellen, das macht die neue Qualität der Elektroautos aus.
Zudem können die Fahrzeuge von Tesla oder BMW heute auch schneller aufgeladen werden, so dass in 30 Minuten 80 % der Batterie aufgeladen werden können. Die Möglichkeit zur Schnellladung verbreitet sich immer mehr unter den etablierten Großserienherstellern. Unabhängig von der Forschungsentwicklung bei der Batterie wird auch schon fleißig mit dem Stand der gegenwärtigen Technologie produziert. So baute Tesla schon im Jahr 2014 eine riesige Batteriefabrik in Kalifornien, aber auch chinesische Produzenten sind massiv in die Produktion eingestiegen. Durch diese Massenproduktion sinken die Grenzkosten, so das der zentrale Kostentreiber des Elektroautos fällt und das Elektroauto immer günstiger wird. Denn im Vergleich mit den konventionellen Antrieben sind die Elektroautos immer noch teurer als vergleichbare Benziner. Der zentrale Engpass war während der gesamten Geschichte der automobilen Fortbewegung die Batterietechnik, so dass weder Massenfertigung als auch keine Lerneffekte in der Produktion der Batterie enthalten sind. Mit der Verbreitung des Elektroautos wird die Kompetenz kostengünstig und in großen Mengen Batterien herzustellen, ein zentraler Wettbewerbsfaktor für Automobilhersteller. Die deutsche Regierung versuchte seit 2010 mehrfach eine deutsche Batteriefertigung aufzubauen, aber bislang war das nicht erfolgreich. Im Zuge des Dieselskandals von Volkswagen unternimmt dieser Autohersteller einen erneuten Versuch in der Kooperation mit anderen Autoherstellern eine deutsche Batteriefertigung aufzubauen.
Noch ein paar Worte zu Tesla, denn Tesla ist es erstmals seit dem Ers-

ten Weltkrieg gelungen sich unter den etablierten Herstellern zu etablieren. So liegt der Mengenausstoß bei ca. 100000 Einheiten pro Jahr.
Damit ist die Größenordnung von Alfa Romeo erreicht und mit den
eingesetzten Lithium – Ionen Batterien haben sie einen Industriestan-
dard gesetzt.

Wo wir bei dem Thema Zeithorizonte des Erfolges in der Etablierung
der Elektroautos sind, meiner Meinung krankt die öffentliche Diskussion an dem Vergleich mit Internettechnologien, denn das Auto ist immer noch die zweitgrößte Ausgabe im deutschen Durchschnittshaus-
halt und da darf man keine so schnelle Marktdurchdringung wie bei einem Smartphone erwarten. Die Entwicklung des Elektroautos wird
heute madig gemacht, weil sie nicht so zügig vorankommt wie die
Durchdringung mit Internetanschlüssen.

Unser Verhalten wird erheblich durch Infrastrukturen beeinflusst, so
könnten wird nicht fernsehen oder telefonieren, wenn es keine entsprechenden Infrastrukturen gäbe. Dafür müssen Fernseh-oder Tele-
fonkabel gelegt werden und so haben die 45000 Tankstellen einen erheblichen Einfluss auf unser Mobilitätsverhalten, denn man kann sein
fossiles Auto an jeder Ecke in Deutschland aufladen.

Da kommt das zweite große Hindernis des voll elektrischen Autos,
nämlich die Infrastruktur denn man muss die Welt erst einmal mit Ladestationen versehen, bis das voll elektrische Auto sich durchsetzen
kann.

Im Herbst des Jahres gab es 10000 Ladestationen in Europa, allerdings gab es dank eines Labour- Bürgermeisters in London schon mehr
Ladestationen als Tankstellen.

Im Zuge des Regierungswechsels bei der Wahl 2013 wurde die staatli-
che Zusage um 1000 weitere Ladestationen erweitert, so dass 2900 Ladestationen bis zum Jahre 2020 stehen sollen. Aber von privater Hand
sind schon deutlich mehr Ladestationen gebaut worden als durch
staatlichen Einfluss, so dass es ca. 14000 Ladestationen in Deutschland
gibt.

Die gesamte Industrie wartet auch auf das Berliner Start up Ubricity oder das Projekt von BMW, denn durch deren Ansätze würde jeder Laternenmast zu Ladestation. Zudem kann man erwarten, dass die privaten Ladestationen zu öffentlichen Ladestationen gemacht werden. Insbesondere in China werden diese Konzepte seitens der Zentralregierung gefördert, so will die Stadt Peking mittels des Ubrictiy Ansatzes die Ladestationen um 30000 vergrößern. China hat auf die 17 in China verfügbare Elektroautos von der Mehrwertsteuer beschäftigt.

Bei der Infrastrukturpolitik hat der Staat eine erhebliche Rolle und sehr großen Einfluss, Infrastrukturen gehören auch in marktliberalen Gesellschaften zu staatlichen garantierten Daseinssorge. Daher hat der Staat einen erheblichen Einfluss auf die Etablierung der Elektromobilität und der Verbreitung der Elektroautos, denn an dieser infrastrukturpolitischen Stellschraube muss gedreht werden.

So hat der südkoreanische Staat schon festgeschrieben, dass 25 % der öffentlichen Flotten als die Gesamtheit aller Fahrzeuge, die der Staat beschafft einen elektrischen Antrieb haben soll. In Norwegen darf der Elektroautofahrer Busspuren benutzen, um im morgendlichen Stau schneller unterwegs zu sein. Zudem hat Norwegen die größte Förderprämie für den Kauf von Elektroautos.

Auf europäischer Ebene müssen Normen gefunden werden, damit die Ladeinfrastruktur flächendeckend in Europa ausgebaut werden kann. Eine zentrale Rolle kommt dem Staat zu, seine informative Rolle wahrzunehmen, denn durch seine Autorität hat der Staat die Möglichkeit die Bürger zum Kauf von Elektroautos zu motivieren.

Dem öffentlichen Nahverkehr kommt in der Verbreitung der Elektromobilität eine zentrale Rolle zu, so gibt es schon 2010 Hybridbusse in einigen deutschen Städten. In unserer Hauptstadt Berlin läuft schon ein Modellprojekt mit voll elektrischen Bussen und der Rat der Stadt Leipzig hat die komplette Einführung von voll elektrischen Bussen zum Jahr 2020 beschlossen. Dies hat eine wichtige Funktion in der Verbreitung von Elektrofahrzeugen, denn Elektromobilität wird durch eine mehr oder weniger vertrauenswürdige Institution näher gebracht. Die Anforderungen des öffentlichen Nahverkehrs passen auch sehr gut zu technischen Eigenschaften eines batterie-betriebenen Fahrzeuges. Denn beim mehrfachen Befahren einer gleich langen Strecke kommt der Kostenvorteil der Elektromobilität auch schon im Jahr 2015 zum Tragen.

Kapitel 2 – Wem nutzt das Elektroauto

Wie steht es nun um das Elektroauto in der Gegenwart, in der Entwicklung seit 2010 zeigt sich, dass wenn in einem Land mehr Fahrzeuge und mehr Marken vertreten werden. Dann steigen die Zulassungszahlen. Im Jahr 2015 sind ca. 40 voll elektrischen Fahrzeuge und 70 Hybrid zugelassen. Norwegen ist hinsichtlich der Zulassung von elektrischen Fahrzeugen der Rekordhalter, im ersten Quartal waren ein Drittel der Fahrzeuge elektrisch. Die norwegische Regierung hat erneut das Ziel bekräftigt, dass ab 2025 alle neu zugelassene Fahrzeuge voll elektrisch sein sollen.
In der Relation zur volkswirtschaftlichen Leistungsfähigkeit folgen die Niederlande, im ersten Quartal des Jahres 2015 waren 5,7 % der neu zugelassenen Fahrzeuge voll elektrisch. Auch große Schwellennationen wie China werden langsam aber sich zu einem Markt für Elektroautos. So wurde im ersten Quartal des Jahres 2015 100000 voll elektrische Fahrzeuge abgesetzt, das relativ gesehen zum Bruttoinlandsprodukt eine verschwindend geringe Menge, aber die schiere Größe macht den chinesischen Markt trotzdem interessant. Auffällig ist aber, das diese 100000 Einheiten fast ausschließlich durch chinesische Marken abge-

deckt wird. Der US-amerikanische Markt wurde am Anfang der 2010 er
Jahre vorwiegend durch Chevrolet, Toyota und Nissan bedient, erst
seit kurzen drängen auch französische und deutsche Hersteller auf den
Markt.

Die voll elektrischen Fahrzeuge sind relativ simpel und das ist eine zentrale Veränderung für die Automobilindustrie, denn nur die Batterie ist
mit Abstrichen ein komplexes, technologisches Teil. Aber es fällt der
komplette Ölkreislauf im Auto weg und auch der Kühlkreislauf wird
fast komplett reduziert. Der verwendete Elektromotor ist aber dem
Elektromotor in der Waschmaschine nicht unähnlich.

Es bleibt aber abzuwarten, ob durch die reduzierte technische Komple-
xität neue Hersteller in den Markt eintreten. Technisch ist das Elektroauto zwar simpel genug, damit neu wenig etablierte Hersteller in den
Bau von Elektroautos einsteigen. Allerdings sind Autohersteller eben
etablierte Marken, die dem Kunden bekannt und vertraut sind und
eine mehr oder wenig klares Profil haben. So spricht BMW eben die
klassischen Aufsteiger an oder Alfa Romeo versprüht italienische Le-
bensart und extravagantes Design. Diese etablierten Marken werden
wohl auch bei einer Elektrifizierung bestand haben und auch weiterhin
Kundenentscheidungen beeinflussen, daher ist es ehe r unwahrschein-
lich, dass eine große Anzahl neuer Autohersteller auf den Markt eintritt.

Basierend auf den Daten des Jahres 2014 muss festgestellt werden,
dass Nissan und Renault die meisten voll elektrischen Autos auf dem
europäischen Markt absetzt. Dahinter folgen Volvo und Opel, allerdings hat sich Renault-Nissan eine starke Position im Wettbewerb er-
arbeitet.

Eine interessante Branche, die sich um das Elektroauto gruppiert, sind
die sogenannten Konvertierer. Das waren und sind vornehmlich kleine
Unternehmen, die klassische fossile Fahrzeuge zu Elektroautos umbau-
en. Es bleiben aber nur Fahrzeuge für Enthusiasten, denn wer kauft
sich schon ein Fahrzeug eines unbekannten Herstellers. Verglichen mit

Frühphase des fossilen Fahrzeuges zwischen 1885 und 1920 er Jahre
sind aber vergleichsweise wenige Hersteller in den Markt der Elektro-
autohersteller eingetreten. Es gab um 1900 allein schon in den USA
209 Automarken, dann kam es in den 1920 er Jahren zu einer Konzen-
trationswelle.
Wie sehen nun die Strategien im Elektroautomarkt aus, von welchen
etablierten Hersteller kamen Impulse. Die folgenden Aussagen bezie-
hen sich auf den Zeitraum von 2010 bis zum Zeitpunkt des Verfassens
dieses Buches im Winter 2015.
Renault und Nissan agieren zwar als unabhängige Marken am Markt
sind aber als Unternehmensgruppe zusammengeschlossen. Diese beiden Marken haben eine forcierte Strategie im Sektor Elektromobilität,
diese beiden Marken haben die meisten voll elektrischen Fahrzeuge
auf den Markt gebracht. Carlos Goshn ist der gegenwärtige Vorstands-
vorsitzender und ein prominenter Vertreter des Elektroautos in der
Automobilindustrie.
Toyota ist ein Vorreiter der halb elektrischen Antriebe und hat den Pri-
us als Hybrid schon im Jahr 1997 auf den internationalen Markt gebracht. Internationale Markenstudien zeigen, dass Toyota schon syn-
onym mit dem Hybrid von Kunden wahrgenommen wird.
Die beiden süddeutschen Premiumhersteller BMW und Daimler kamen
spät in das Segment der Elektroautos, aber zugegebenermaßen halten
sie sich wacker. BMW hat eine Subbrand mit den i . Fahrzeugen entwickelt. In den Jahren 2013 und 2014 kam der BMW i 3 und der BMW i 8
auf den Markt. Einmal ein Luxuscoupe und einen voll elektrischen
Kompaktwagen, die Batterietechnik kommt aus einer Kooperation mit
Samsung. Daimler hat sich an Tesla beteiligt und überträgt die Hardwarekomponenten in seine B- Klasse, nun gibt es eine voll elektrische
B-Klasse. Allerdings gibt es neben den wenigen elektrischen Fahrzeugen auch noch konventionelle Ansätze, den schärfer werdenden Um-
weltregularien gerecht zu werden. So verkleinert Daimler die durchschnittliche Zylindergröße, denn es werden statt eines Achtzylinders

ein Sechszylinder gebaut. BMW hat angekündigt, dass selbst die legendären Fahrzeuge der M-Gmbh als Hybrid auf den Markt kommen sollen.

Chevrolet und dessen deutsche Marke Opel haben sich mit dem Chevrolet Volt und dessen deutschen Konzernbruder Opel Ampera positioniert, dieses moderne Hybridkonzept. Also der Benzinmotor lädt den Elektromotor auf, der Benzinmotor hat aber keinen eigenständigen Zugang zum Antriebsstrang.

Kia, der größte koreanischer Hersteller und Teil der Hyundai Gruppe fährt als Hersteller eine Doppelstrategie und bringt gleichermaßen Hybride wie voll elektrische Fahrzeuge auf den Markt.

Fiat und Chrysler haben eine schwache Position auf dem Elektroautomarkt, dass mag einerseits an dem schwierigen Zusammenschluss der beiden Hersteller liegen, anderseits ist der Handlungsdruck relativ klein, da sehr viele kleine Fahrzeuge abgesetzt werden und so Umweltregulierungen relativ problemlos eingehalten werden.

Die Mehrmarkenfamilie Volkswagen ist wie für diesen automobilen Gemischtwarenladen zu erwarten war, sehr breit im Elektrowagensegment aufgestellt. Es gibt Hybride und voll elektrische Fahrzeuge, die sich aber nach Marke und Fahrzeugklasse differenzieren.

Die Elektroautowelt hat schon einige Ikonen, wie den Mc Laren P1 ein 900 PS Hybridsportwagen, ein Fahrzeug das wohl nie an Wert verlieren wird. Auch der Spitzensportwagen der Marke Porsche der 918 S Hybrid ist ein teil elektrifizierter Sportwagen. Dieses Fahrzeug hat den Rundstreckenrekord auf der Nürburgring - Nordschleife für Produktionsfahrzeuge gebrochen. Selbst die Sportwagenmarke Lamborghini bringt Hybridstudien zu Automobilausstellungen.

Auch diese Supersportwagen sind ein Zeichen, das die Etablierung der Elektroautos seit 2010 stabil verläuft. Denn früher war der Hybrid oder das voll elektrische Fahrzeug ein Alibifahrzeug, das nur auf Automobilausstellung ausgestellt worden ist. So gesehen, ist ein wesentlicher Fortschritt gegenüber dem Zeitraum vor 10 Jahren, dass Hybride in der

jeweiligen Marke positioniert werden. Daher ist es nur folgerichtig,
dass es einen Hybridsportwagen von Porsche gibt.
Aber auch andere Fahrzeugtypen, die mit einem Verbrennungsmotor
angetrieben werden, stehen vor der Elektrifizierung. Die Motorrad-
marke, die wie keine andere für das amerikanische Fahrgefühl steht,
Harley Davidson hat auch schon ein elektrisches Motorrad auf den
Markt gebracht. Zudem gibt es in den USA eine Szene von kleineren
Motorradhersteller wie Brammo oder Mission Motorcycles, die in
Kleinserien elektrischen Motorräder herstellt und auch schon weltweit
vertreibt. Die Rennmotorräder von Mission Motors haben auch schon
das Pikes Peak Bergrennen gewonnen und so Ihre Leistungsfähigkeit
bewiesen.
Die Elektrifizierung erfasst auch die Motorboote, so hat Volvo auch
schon testweise Elektromotoren in Motorbooten verbaut. Der Autohersteller Volvo hat auch eine Sparte, die Motoren für Motorboote
herstellt.

Kapitel 2 – Welche technischen Hürden gibt es beim Elektroauto

Haben sich alle relevanten Akteure nun auf die Batterie und als
Zwischenlösung auf den Hybrid festgelegt. Nein, das kann man so nicht
sagen, obschon seit 2010 immer mehr etablierte Autohersteller voll
elektrische Autos und Hybride auf den Markt bringen.
Könnte Wasserstoff als Speichermedium und die Brennstoffzelle als
Motorenkonzept die dominierende Paarung in der Zukunftsmobilität
werden, denn bei einem Auftanken in wenigen Minuten, können 400 –
500 Kilometer Reichweite bewerkstelligt werden.
Die Brennstoffzelle erzeugt durch die chemische Reaktion von Wasser-

stoff mit Sauerstoff elektrischen Strom und treibt so den Elektromotor
im Auto an. Mit wenigen Kilogramm Wasserstoff kann so eine Reichweite von mehreren hundert Kilometern dargestellt werden.

Diese Entwicklung ist nicht neu, das technische Grundkonzept ist
schon um 1820 patentiert worden, und um 1880 sah der Autor von in
80 Tagen um die Welt ein Wasserstoffjahrhundert anbrechen.

Die Us- amerikanische Raumfahrt hat die Brennstoffzelle schon am Anfang der 1960 er Jahre in Ihren Raumfähren eingesetzt, die Brennstoffzelle kombiniert mit dem Speichermedium Wasserstoff hat im Zuge
der Ölpreiskrisen der 1970 er Jahre einen kleinen Aufschwung, der
aber bald wieder verschwand.

Das zentrale Problem der Brennstoffzelle ist der Wasserstoff, die
Brennstoffzelle als solche ist das effizienteste Motorenkonzept, dass
im Feld der alternativen Antriebe diskutiert wird.

Allerdings kommt Wasserstoff in einer für den Betrieb eines Fahrzeuges geeigneten Form nicht vor und muss durch das Hinzuführen von
Energie erst gewonnen werden.

Sofern der Strom durch fossile Energien gewonnen wird, wäre der das
Wasserstoffauto nicht umweltverträglicher als fossile Fahrzeuge. In
den Jahren 2014 und 2015 hat Toyota wieder Musik in das Thema gebracht, indem sie die Partnerschaft mit Tesla aufkündigten und sich
dem Wasserstofffahrzeug verschrieben haben.

Toyota war neben Daimler von 2010 bis 2014 an Tesla beteiligt und
dann Mitte 2014 verkündet, dass man sich aus dieser Beteiligung zu-
rückziehen möchte, um sich dem Wasserstoffauto zu widmen. Nun wie
stabil dieser strategische Schwenk von Toyota ist, bleibt abzuwarten.

Aber im Herbst brachte Toyota den Mirai heraus, das erste Wasserstoffauto eines Großserienherstellers.

Das ist natürlich eine neue Qualität in der Wasserstofftechnologie und
für das Jahr 2015 sind 400 Fahrzeuge in Deutschland als Absatz ge-
plant, das ist nicht unbedingt viel für den größten Autohersteller mit
seinen 8 Millionen abgesetzten Fahrzeugen pro Jahr.

Der begrenzende Faktor ist aber weniger die Technologie als Solche, sondern die Infrastruktur, denn gegenwärtig gibt es weltweit nur 220 Wasserstoffladestationen und davon immerhin 21 in Deutschland.
Der Wasserstoffantrieb könnte aber als Reichweitenverlängerung in den batterie-betriebenen Fahrzeugen zum Einsatz kommen und dann würden die Infrastrukturprobleme auch nur von geringerer Tragweite sein.
Zudem bietet der Wasserstoff eine Speichermöglichkeit um Spitzenlasten in Stromnetz abzufangen und die erneuerbaren Energien in das Stromnetz zu integrieren.
Was setzt sich jetzt durch und wo können Milliarden investiert werden. Keine Ahnung. Es wird wohl keine verbindliche Lösung geben, sondern manche Speichertechnologie laufen parallel nebeneinander.
Ein plausibles Zukunftsszenario ist die Unterteilung in innerstädtischen und Überlandverkehr, so können batterie-betriebene Fahrzeuge in den Innenstädten eingesetzt werden, wohingegen im Überlandverkehr Wasserstoff -fahrzeuge eingesetzt werden.
Zudem kann man im Überlandverkehr auch relativ zügig und mit überschaubaren Investitionsvolumen eine Wasserstoffinfrastruktur aufbauen.

Kapitel 2 – Werden sich Elektroautos durchsetzen

Was steht der elektromobilen Zukunft denn nun im Wege? Das Angebot wird immer breiter und internationaler. Die Unklarheit über die Zukunft wird auch immer weniger. Basierend auf den unzähligen Studien, die über die Käuferakzeptanz geschrieben wurden, und die unzähligen Gespräche, die ich über den Markthochlauf geführt habe, konnte ich ein paar Eckpunkte über diese Entwicklung herausfinden.

Denn der potenzieller Käufer als auch die Autoindustrie vergleichen das Elektroauto mit den fossilen Verbrennern.

Häufig höre ich Vergleiche mit der Etablierung des Internets oder die Diffusion des Mobilfunks, aber ich finde diese Vergleiche sind nicht treffend. Wenn man einen Vergleich ziehen möchte, dann sollte man den Wechsel von der Propellermaschine zum Düsenantrieb wählen. Denn die Etablierung der Elektromobilität verändert die automobile Fortbewegung nicht vollständig, sondern das Antriebskonzept wird durch ein anderes ersetzt.

Eine zentrale Hürde ist der Leistungsunterschied zwischen den Elektroautos zu Verbrennern und in der Tat werden Elektrofahrzeuge hauptsächlich in der Innenstadt eingesetzt, aber Hybride haben durchweg die gleichen Leistungsparameter wie Benziner - oder Dieselfahrzeuge. Der voll elektrische Wagen passt mit seiner eingeschränkten Reichweite und den Leistungsparametern zu dem Kurzstreckenpendelbetrieb und den Innenstadtverkehr.

Die Notwendigkeit des Wandels, denn es fragt sich wann der Käufer den Wechsel zu Elektrofahrzeugen vornimmt. In diesem Zusammenhang kommt dem Staat eine zentrale Rolle zu, denn wenn wie für eine Megacities beschlossen, die Innenstädte für Verbrenner geschlossen werden, dann wird der Kauf des Elektroautos sehr dringlich.

Der Kostendruck durch einen steigenden Ölpreis wird eine zentrale Rolle spielen, denn wenn der Ölpreis steigt und steigt, dann wird die Alternative Elektroauto immer attraktiver.

Eine zentrale Größe bei der Kaufentscheidung ist immer noch die Sicherheit und Verlässlichkeit des Fahrzeuges. Wie ich schon auf meinem Blog geschrieben habe, sind die teil – und voll elektrifizierten Fahrzeuges einer Marke genauso zuverlässig und sicher wie die konventionellen Fahrzeuge dieser Marke.

Die Kostenneutralität zwischen den klassischen Verbrennern und den elektrifizierten Fahrzeuge ist in machen Nutzungszusammenhängen und bei manchen Marken erreicht. So rechnen sich die Mehrkosten des Hybrides, bei Toyota schon im Jahr 2012, so dass beim Gesamtkostenvergleich der Hybrid besser als der Diesel abschneidet.

Das unterscheidet sich allerdings von der Marke zu Marke, dass voll elektrische Fahrzeug ist bei den Kosten pro Kilometer heute schon vorteilhaft.

Die Kosten auf der Seite der Autohersteller, die nötig sind, um die notwendige Forschung und Entwicklung zu betreiben. Das hat sich als Problem jedenfalls in Deutschland gelöst, denn wie neuste Studien zeigen, sind sich sowohl bei den Autoherstellern als auch bei den Zulieferern große Forschungsaktivitäten getätigt worden. Zudem werden viele Stellenanzeigen durch die Automobilindustrie geschaltet, um technisches Personal zu finden, dass die Elektrifizierung der Automobilwirtschaft vorantreibt.

Bei diesem Innovationsthema ist eben auch relevant, dass die Merkmale eines elektrifizierten Fahrzeuges immer mit den konventionellen Fahrzeugen verglichen wird. Das ist eben ein erheblicher Unterschied zu den Innovationsthemen der näheren Vergangenheit, so konnte man ohne Handys nicht mobil telefonieren oder ohne soziale Plattformen nicht mit internationalen Freunden Kinderfotos teilen. Aber man kann sich eben ohne Elektroauto mit einem Auto fortbewegen. Hier schließt sich auch eben ein Kreis, denn die Autohersteller wie BMW bewerben ihre Elektroautos auch nicht mehr als umweltfreundliche Fahrzeuge, sondern konjugieren die Elektroautos in der Formensprache der Marke durch. Zudem stellen Sie den innovativen Charakter des Fahrzeugs in den Mittelpunkt der Werbekampagne und betreiben einen immensen Forschungsaufwand.

Zudem ist das voll elektrische Fahrzeug sehr drehmomentstark bei niedrigen Drehzahlen, damit ist es für den Innenstadtverkehr besser geeignet als die konventionellen Antriebe.

Ich weiß, dass viele Leser die Spitzensportwagen als kindisch und spätpubertär ansehen, aber die neuen Hybridsportwagen wie der BMW i 8 haben trotz der geringeren Zulassungszahl eine erhebliche Wirkung für

die Automobilwirtschaft. Der Umsatz und Gewinn wird mit den großen
Volumenmodellen der Kompakt- und Mittelklassenfahrzeuge gemacht,
aber die Markenbildung wird über die teuren Sportwagen aufgebaut.
Daher ist es wichtig, dass mit dem BMW i8 ein Hybridauto, dass in 4,2
Sekunden von 0 auf 100 km/h beschleunigt.
Ich habe auch schon auf meinem Blog mich mit dem Restwertstatisti-
ken von Elektroautos beschäftigt, die gute Nachricht ist, das sich die
Elektroautos hinsichtlich des Wertverlustes an den jeweiligen Marken
orientieren. Denn der Wertverlust orientiert sich an der betroffenen
Automobilmarke bzw. an Vertrauen, das der Kunde in die jeweilige
Marke hat. Daher ist es interessant festzustellen, dass es keinen Mau-
lus für ein elektrifiziertes Fahrzeug im Markenvergleich gibt, diese Aus-
sage bezieht sich auf den Zeitraum von 2010 bis 2015. Dazu muss bei
voll elektrischen Fahrzeugen hervorgehoben werden, das über die gesamte Lebensdauer gesehen, die Unterhaltskosten deutlich geringer
sind als bei fossilen bzw. konventionellen Fahrzeugen. Weil das voll
elektrische Fahrzeug weniger aufwendig und technisch komplex ist,
denn es gibt kein Getriebe und keinen Ölkreislauf. Daher ist auch die
technische Instandhaltung weniger komplex und teuer als bei konventionellen Fahrzeugen.
Allerdings muss man anmerken, dass auch bei den Fahrzeugen von
etablierten Herstellern im Winter aufgrund der niedrigen Außentem-
peraturen sich die Reichweite reduziert. Es gibt bei Autokäufern die
unbegründete Angst vor Batteriebränden, die lässt sich auf einige Er-
eignisse im Jahr 2011 zurückführen. Allerdings haben die
Autohersteller große Forschungsetats in die Sicherheit der Batterie investiert, so dass keine gravierenden Sicherheitsrisiken vorhanden sind.
Zudem muss im Vergleich zum Internet auch betrachtet werden, dass
die Elektromobilität von etablierten Autoherstellern vorangetrieben
wird. Diese etablierten Autohersteller haben kein Interesse, daran Ihre
Markenwerte durch Feuerunfälle zu gefährden. Das war im Internet
anders, als sich viele unbekannte kleine Unternehmen im Internet

breit gemacht haben und diese Innovationsverbreitung bestimmt haben. Zudem gibt es Strom schon seit 130 Jahren im öffentlichen Raum, so dass kaum Sicherheitsrisiken hinzugekommen sind. Tesla gibt auch an, dass basierend auf eigene Statistiken nur 1 von 8000 Fahrzeugen eine n Feuerunfall erleidet, allerdings hat 1 von 1300 fossilen Fahrzeugen einen Feuerunfall.

Das die etablierten Hersteller das Innovationsthema Elektromobilität vorantreiben, hat aber auch den Nachteil, dass etablierte, konventionelle Ansätze auf das Elektroauto übertragen werden. Tesla hat Ihre Elektroautos von Grund auf für die Bedürfnisse den Elektroautos zugeschnitten, wohingegen Volkswagen nur im Kleinstwagen des Konzerns den konventionellen Motor durch einen Elektromotor ersetzt. Das reduziert natürlich den Forschungsaufwand bei dem Autohersteller, aber das Auto ist daher zu schwer und die Reichweite bleibt klein. Gegenwärtig wird dem Elektroauto immer noch vorgehalten, dass es ein Spielzeug für Reiche ist. Das ist im Kern richtig, denn die Kaufpreise sind im Durchschnitt noch deutlich höher als bei konventionellen Fahrzeugen. Der Vorwurf ist zu simpel,denn moderne Technologien sind am Beginn des Innovationszyklus immer von besser verdienenden Käufern gekauft worden. Das war mit den Internetanschlüssen genauso wie bei den ersten Handys, das nennt man in der Fachwelt Lead User. Die ersten Studien über die Elektroautokäufer in Deutschland belegen, dass der Kunde eher männlich, überdurchschnittlich gebildet, gut verdienend ist und auf dem Land oder in kleineren Städten leben. Man wird sehen, wann die Elektroautotechnik durch Massenfertigung so günstig wird, dass sie breitere Käuferschichten erreicht.

Kapitel 3 – Ist Teilen das neue Haben

Warum sollte ich mir eine Kuh kaufen, wenn ich ein Glas Milch trinken will und warum kaufen Sie sich ein Auto, dass Sie durchschnittlich nur eine Stunde am Tag nutzen?

Es bedarf nicht dem schönen Schlagwort : Sharing Economy, um Geschäftsmodelle zu beschreiben, die sich mit der Vermietung von Gütern beschäftigen. Denn die klassische Ferienwohnung wurde schon immer vermietet, durch Unternehmen wie Airbnb oder 9flats ist nur eine Communitygedanke und die Vermittlung über das Internet hinzugekommen.

Moderne Möglichkeiten wie das Smartphone vereinfachen natürlich die temporäre Nutzung von bestimmten Gütern und diese ökonomische Nutzung wird immer populärer.

Das Internet hat hier Nutzungsverhalten verändert, denn mit dem Begriff - Sharing Economy – ist seit dem Jahre 2010, das zeitweise Nutzen von physische Gütern gemeint, aber immaterielle Güter wie Musik oder Bilder werden im Internet schon länger geteilt. Dadurch hat sich das Konsumverhalten grundlegend verändert, denn Airbnb ist in wenigen Jahren zu größten Hotelkonzern geworden ohne ein Hotelzimmer zu besitzen. Durch die Internetnutzung trauen die Menschen heute Onlinebewertung mehr als einem etablierten Markennamen. Das Aufbauen einer guten Onlinereputation ist eine zentrale Größe für den Erfolg eines solchen Geschäftsmodells. Da stellt sich die Frage, ob es sinnvoll ist, wenn man ein Fahrzeug, welches man nur wenige Stunden in der Woche nutzt, zu besitzen und zu unterhalten. Gerade junge Großstädter weltweit beantworten, diese Frage negativ und ersetzen Ihr eigenes Auto durch Carsharing.

Wenn man Carsharing systematisch analysieren will, muss man das Nutzen fremder Autos mit und ohne fremden Fahrer. Auch das klassische Taxi gehört dazu, aber das Carpooling gibt es seit 300 Jahren in London. Beim Carpooling werden die Fahrzeuge von Privatleuten in einem Pool zusammengefasst und bei Bedarf ausgeliehen. Dadurch entsteht ein Zusatzeinkommen für den Fahrzeugbesitzer.

Mit Uber, dass in seinen Spitzenzeiten 2 Milliarden US. Dollar an der

Börse bewertet worden ist, tritt nun ein Unternehmen an, das Taxigewerbe zu verändern. Den weniger internetaffinen Leser dürfte das Geschäftsmodell nicht bekannt sein, daher hier eine kleine Erklärung.
Mittels Smartphone wird an den geographischen Ort, wo man abge-
holt werden will, ein Fahrzeug mit dem Fahrer bestellt und dann fährt
man mit diesem Auto und dem Fahrer zum Zielort. Entweder wird in
bar oder per Smartphone bezahlt. So wird der Eigentümer zum Ver-
mieter und die Grenzen dieses Ansatzes sind fast unbegrenzt und gefährden traditionelle Unternehmen wie Taxiunternehmen. Obwohl das
grundlegende Konzept gegen einen Beitrag eine gewisse Fahrtstrecke
zu fahren, ist absolut nicht neu aber es gibt eben neue online basierte
Plattformen, die die Verbreitung dieser Nutzungsformen stark fördern.
Uber hat den Anspruch, das weltweite Mobilitätssystem zu revoltieren
durch den flächendeckenden Einsatz von Smartphones und die geringeren Kosten.
Natürlich gibt es das Beharrungsvermögen der tradieren Geschäftsmodelle wie dem Taxigewerbe , so gab es in den Jahren 2014 und 2015
Massenproteste gegen Uber und verschiedene Gerichte weltweit prü-
fen die Zulässigkeit des Geschäftsmodells. Aber diese Rechtsstreitigkei-
ten werden einen gewaltigen Konsumtrend nicht stoppen. Die gleichen Klagewellen gab es auch bei Airbnb und dessen Sharingkonzept
im Bereich der privaten Zimmervermittlung, aber wenn Millionen
Menschen einen Dienst beanspruchen, dann wird sich dieses Konzept
auch durchsetzen.

Kapitel 3 – Wie funktioniert das Autoteilen

Im Gefolge der Geschäftsmodelle, die sich durch Nutzung gegen
Gebühr oder Nutzung statt Eigentum beschreiben lassen, haben auch
etablierte Autohersteller Carsharing etabliert.
Aber die ersten Carsharingangebote gibt es bereits seit den späten
1970 er Jahren im akademischen Umfeld. Im Kern waren es immer der

41

gleiche Ansatz, in einem bestimmten Gebiet werden durch ein Carsharingunternehmen an bestimmten Stationen Autos bereit gestellt, die durch die Kunden des Carsharingunternehmens gemietet werden konnten. Der Kunde konnte vorab ein bestimmtes Fahrzeug reservieren und dann an der Vierleihstation abholen. Dann kann die Fahrt vorgenommen werden und das Fahrzeug muss an die Leihstation wieder zurück gebracht werden, die Abrechnung der Fahrt erfolgt dann über die Kontoabrechnung.

Dieses Grundkonzept hat sich durch die Verbreitung von Smartphones und des Internets verändert. Denn die Buchungswege haben sich verändert und die Nutzung wurde flexibler. Schon 2000 etablierte sich im Großraum Boston das Unternehmen Zipcar, bei diesem Modell wird die Buchung über das Internet und später über das Smartphone abgewickelt. Das Fahrzeug muss allerdings nicht an die Ausgangsstation zurückgebracht werden, sondern kann an einer beliebigen Stelle im Einzugsgebiet abgestellt werden. Diese Veränderung beziehungsweise Flexibilisierung hat den Vorteil, dass sich das Carsharing in intermodulare Wege ketten einbinden lässt. Das bedeutet, dass man mit dem Fahrzeug zum nächsten Bahnhof oder Flughafen fahren konnte. Dann nutzt man die Bahn oder das Flugzeug und kann mit einem anderen Verkehrsmittel zum Ausgangspunkt zurück fahren. Das Fahrzeug kann, dann von einem anderen Nutzer genutzt werden.

Seit ca. 2009 haben nun auch deutsche Großserienhersteller Carsharingangebote insbesondere für Großstädter entwickelt. So hat Daimler das Angebot cartogo und BMW Drivenow aufgebaut, beide Konzepte funktionieren wie in dem beschriebenen Ansatz. Einfach über das Smartphone ein Auto lokalisieren und losfahren und am Ziel einfach abstellen, irgendein anderer Nutzer steigt dort ein und fährt los. Die Unternehmensberater schreiben sich schon schöne Studien, dass das konzern gebundene Carsharing im nächsten Jahrzehnt ein Milliardenmarkt werden wird. Die deutschen Autohersteller haben bekannt gegeben, dass sie von Ihren Carsharingangeboten eine Umsatzgröße wie

von einer Fahrzeugklasse erwarten. Also erwartet BMW von dem Carsharingangebot einem Umsatz wie von der 3 er Reihe.
Heute erfolgt die Nutzung per RFID Chip und Smartphone und die Abrechnung per Konto, der Nutzer muss um sich nichts mehr kümmern, weder um Versicherung oder Instandhaltung. In einigen Großstädten sind auch gesonderte Parkflächen für Carsharingansätze reserviert worden. Das ist natürlich ein zentraler Grund für die Benutzung der Carsharingansätze in Großstädten.
Im Gegensatz zu den konventionellen Ansätzen kann man bei den Angeboten der Automobilhersteller nicht die gesamte Palette der Fahrzeugklassen nutzen, denn sowohl Daimler fokussiert sich auf den Smart und BMW auf den Mini.
Das ist für den Kunden eine Einschränkung, denn man kann nicht für jeden Fall das passende Fahrzeug haben. Also für den Großeinkauf bei IKEA würde ein Transporter bestellt werden und für ein Wochenende ein Cabrio. Diese Möglichkeit gibt es bei den gegenwärtigen konzerngebundenen Carsharingansätzen nicht.
Daimler hat bis zum Ende 2014 50 Städte in Europa und den USA erschlossen und eine Millionen Kunden erreicht.
In Deutschland gibt es Ende 2014 eine Million Kunden, obwohl die Angebote erst 2010 gestartet sind. Daimler wertet sein Cartogoangebot durch den Einsatz der B- Klasse auf. Diese Aufwertung soll ein Wettbewerbsangebot im Markt der klassischen Mietwagenanbieter wie Sixt werden.
Sowohl BMW als auch Toyota setzen in ihren Flotten ihre voll elektrische Fahrzeuge ein. Ford in den USA verwendet einen leicht abgewandelten Ansatz, dort werden überwiegend bestehende Kunden in einem Pool zusammengeschlossen. Damit können die Fordfahrer Ihre Fahrzeuge untereinander beziehungsweise in dieser Community die Fahrzeuge und vorrangig in einer Region die Fahrzeuge tauschen. In diesem Ansatz könnte man die gesamte Fahrzeugpalette des Fordkonzerns nutzen und man kann über diesen Ansatz bestehende Kunden an sich

binden.

Daneben entfalten noch peer to peer Ansätze ihre Wirkung, das wären in Deutschland tamaya und carzapp. Hier wird über das Internet oder eine App das eigene Auto angeboten und kann von einem registrieren Kunde bestellt werden. Diese online - Plattformen sind also herstellerunabhängig und komplett digital und bei diesen Plattformen kann man Fahrzeuge jeglicher Fahrzeugklasse wählen, allerdings sind die Plattformen nicht so komfortabel wie die Carsharingangebote, denn man braucht Vorlauf um ein Fahrzeug zu reservieren und es muss den Verleiher zurück gebracht werden. Allerdings sind diese peer to peer Angebote auch wesentlich kostengünstiger als die konzern- gebundene Ansätze.

Kapitel 3 – Was wird sich durchs Carsharing ändern

Was bedeutet diese Hinwendung zum Nutzen statt des Besitzes von Autos. In den Strategievisionen von Autoherstellern taucht immer mehr die Version eines Mobilitätsdienstleisters auf. Also aus den Flaggschiffen des deutschen Maschinenbaus den Autoherstellern, sollen Dienstleistungsunternehmen werden.
Laut verschiedenen Prognosen von verschiedenen Unternehmensberatern führt das Carsharing zu 500000 ausbleibenden Autokäufen seit 2010 und es wird erwartet, dass 1,2 Millionen Autokäufe bis zum Jahre 2021 ausbleiben. Ab dem Jahr 2020 wird durch Carsharing eine Stagnation der Neuwagenkäufe erwartet.
Eng verwandt mit dem Thema Carsharing ist dem Trend zu intermodulare Wege ketten, im Gegensatz zu vergangenen Zeiten werden heute mehr Verkehrsmittel in einer Fahrtstrecke genutzt. In der Vergangenheit wurden Fahrten nur mit dem eigenen PKW abgewickelt. Heute werden mehr Verkehrsmittel wie Fahrräder, Autos und Bahnen für eine einzelne Fahrtstrecke genutzt. Dies ist natürlich auch nicht an den

Autoherstellern vorbeigegangen, so hat BMW mit Moovel ein System entwickelt mit dem man per Smartphone intermodale Wegeketten planen kann. Diese online basierten Verknüpfungen der einzelnen Verkehrssysteme ist eine wichtige Ergänzung der Carsharing Ansätze.
Dann stellt sich die Frage, wie das Carsharing der Autohersteller beeinflussen wird. Wenn nun mehr Autos im Carsharing genutzt werden, dann könnte sich das Auto verändern, also würde das Auto wieder weniger individuell sein, als in der Vergangenheit hat eine Memoryfunktion den Sitzplatz an den Fahrer angepasst und auch die Armaturen richteten sich an den Fahrer. Das könnte sich mit einer verstärkten Verbreitung des Carsharing verändern, denn der Autohersteller müsste sich darauf einstellen, das mehr Fahrer ein bestimmtes Fahrzeug nutzen. Mit dem Carsharing kommt auch wieder frischer Wind in ein altes akademisches Konzept, dem urbanen Stadtauto. Denn schon in den 1990 er Jahren gab es die Idee, ein kleines Fahrzeug in der Stadt anzubieten, dass in einer kollektiven Struktur genutzt wird.
Momentan ist das innerhalb der Autoindustrie wegen ihren atemberaubenden Wachstumsraten in China kein Thema, aber mit dem Carsharing innerhalb des Konzerns werden Autohersteller zu Autovermietern, die in direkten Wettbewerb mit Autovermietern und den stationsgebundenen Carsharing Unternehmen gehen werden.
Da das traditionelle Geschäftsmodell durch den Absatz in den Schwellenmärkten hervorragend funktioniert, wird die Carsharingkarte nicht wirklich ausgespielt. Auch im Marketing wird das Carsharing nicht in den Vordergrund gestellt, dass könnte sich aber in den nächsten Jahren ändern.
Dann kommt wenigstens in großstädtischen Gegenden nicht mehr die Frage, was zieh ich an, sondern wie bewege ich mich heute fort.
In Ballungszentren werden es eine Vielzahl von Tools und Plattformen geben, mit denen man zwischen einer Vielzahl von Carsharing Optionen wählen kann.
Also nutze ich ein Carsharingauto als Selbstfahrer oder lasse ich mich

von jemanden fahren. Nicht zu vergessen, dass Thema automatisiertes Fahren, dass könnte bedeuten das ein automatisiertes Auto den Passagier abholen könnte.

Für kleinere ungeplante Strecken im städtischen Umfeld hat das gute alte Fahrrad eine Renaissance erlebt.

Für ungeplante Strecken im urbanen Umfeld kommen Dienst, wie Uber sicherlich in Frage. Mittels der App wird ein Fahrer herbeigerufen, der eine Wegstrecke innerhalb des Stadtgebietes fährt. Das kann auch von einem Taxi übernommen werden.

Längere Strecken, die einen Planungsvorlauf haben, werden durch Systeme wie Drivenow und cartogo abgebildet. Da versteht man den klassischen Großeinkauf bei Ikea drunter, aber das Abholen von Freunden, die am Flughafen gelandet sind. Hier könnten auch die kostengünstigen privaten Alternativen wie tamyca genutzt werden.

In der Gegenwart können zwar auch Langstrecken mit den Carsharing Ansätzen genutzt werden, nur die Carsharingansätze werden über wiegend in der Stadt genutzt. Es gibt auch noch online basierte Mitfahrgelegenheiten wie Blablacar, die für kostenbewusste Mitfahrer eine gute Möglichkeit darstellen, kostengünstig längere aber auch planbare Strecken abzubilden.

Kapitel 3 – Wie geht es weiter mit dem Carsharing

Also wird es 2030 100 % geteilte Autos geben, wohl eher nicht. Mit diesem Thema verbindet sich viel Euphorie, insbesondere aus der ökologischen Ecke. Denn Carsharing hat einerseits eine ökologische Option, da manche offen, dass das Zweit – oder Drittfahrzeug abgeschafft wird und durch die Nutzung des Carsharings und öffentlichen Nahverkehr ersetzt wird.

Andere Stimmen meinen das moderne Carsharing würde mehr Verkehr mit dem Auto erzeugen, da die Kostenschwelle zur Autobenutzung abgesetzt wird. Zudem ist die Carsharingnutzung flexibel und komfortabler als der öffentliche Nahverkehr.

Es ist immer noch ein Vertrauensproblem, dass man bei der Nutzung des Carsharings hat. Man muss sich auf einen fremden Fahrer einlassen und im Gegensatz zum tradierten Taxigewerbe haben die Fahrer nicht Ihre Kompetenzen in Prüfungen abgelegt.

Es gibt auch einige Carsharingunternehmen, die lizenzierte Fahrer einsetzen. In den USA stärker als bei uns in Europa gibt es auch einige Autofahrer, die sich mit den Diensten wie Uber ein manchmal stattliches Zusatzeinkommen erwirtschaften. Das ist analog zu den Airbnb Hosts, die über diese Plattformen Ihre Wohnungen oder Zimmer anbieten. Das heißt wie bei jedem sozio- kulturellen Wandel gibt es Verlierer und Gewinner, die sich zu diesem Thema äußern.

Kapitel 4 – Der Weg zum automatisierten Auto

3500 Verkehrstote in Deutschland und 1.2 Millionen weltweit, diese Zahlen gelten für den Anfang der 2010 er Jahre.

Aber über 90 % der Unfälle können auf den Menschen zurück geführt werden. In Deutschland ist die Anzahl der Verkehrstoten von ihrem Höhepunkt im Jahr 1970 mit ca. 20000 auf 3500 in der Gegenwart gefallen, dieses kontinuierliche Absinken der Unfallrate ist natürlich eine gute Nachricht, allerdings gilt das nur für die westlichen Industrieländer. Die modernen Autoflotten in den westlichen Industrienationen sind durch technologische Innovationen im Bereich der passiven Sicherheit erzielt worden. Sei es nun ABS Oder Airbags. Diese Techniken

haben, das Fahren sicherer gemacht.
Aber es bleibt der Mensch und sein Fehlverhalten als Unfallursache
und hier setzt das automatisierte Autofahren an. Denn mittels Radar-
technologie und einen entsprechenden Computer im Auto, können
Unfälle vermieden werden.
Hinzu kommt, dass heute Autofahren zu einer stupiden Tätigkeit geworden ist, in der sich viele Ablenkungen wie telefonieren, Smartpho-
netexting oder die Suche im Navigationssystem haben sich etabliert.
Ablenkungen neben schlechten Fahrkönnen und Alkohol sind die wesentlichen Unfallgründe, die sich hinter den menschlichen Unfallfaktor
bündeln.
Natürlich gibt es weltweit Gesetze gegen Alkohol am Steuer und auch
das Nutzen von Smartphones ist weltweit verboten. Trotzdem ist Alkohol – oder Drogeneinfluss eine wesentliche Unfallursache und ein
großer Killer im Verkehr.
In gewisser Weise ist das aber alles alt bekannt, aber nun ist die passive Sicherheit im Auto erschöpft und es bleibt die Unfallursache
Mensch. Daher wendet sich die Verkehrswirtschaft immer mehr den
menschlichen Fehlerursachen zu und daher bekommt das Thema automatisiertes Fahren einen neuen Stellenwert. Obschon die ersten Versuche Mitte der 1950 er Jahre unternommen wurden, parallel zu der
Etablierung der Computerindustrie und der steigenden Prozessorge-
schwindigkeit war das Thema automatisiertes Fahren präsent.
Der Autofahrer hat in der Gegenwart auch schon in anderen Formen
Erfahrungen mit dem automatisierten Fahren gemacht. Ob es nun die
Roboter gesteuerten Fahrzeugen in Disneyworld oder automatisierte
S-Bahnen an verschiedenen Flughäfen in Japan oder den USA sind, das
Fahren in automatisierten Fahrzeugen ist heute breiteren Bevölke-
rungsschichten bekannt. Daher sind die Erfolgschancen des automati-
sierten Autos gestiegen, hinzu kommen aber natürlich eine verbesser-
te Informationstechnologie im Auto. Zudem kommt das in modernen
Autos genauso viel Elektronik wie in der Mondlandefähre von 1969

verbaut worden sind, daher ist es für einen modernen Autofahrer nur noch ein kleiner Schritt zu automatisierten Fahren, also das man ganz oder teilweise die Kontrolle über das Autofahren abgeben kann.
So gibt es seit ca. 2000 schon Sensorenbasierte Abstandswahrung in Fahrzeugen der Oberklasse, die den Fahrer warnt, wenn ein Objekt wie ein Reh oder Mensch, sich in die Fahrbahn bewegt. Da wäre es ein kleiner Schritt, diese Warnfunktion mit einem automatisierten Bremsen zu koppeln.
Aber die überwiegende Reaktion auf das automatisierte Fahren ist Misstrauen und Ablehnung. Psychologen nennen dieses Konzept Kontrollillusion, man möchte die Verantwortung für sein Auto und seine Familie nicht an einen Computer abgeben.
Außerdem ist die Automatisierung in unseren Haushalt vorgedrungen, wir lassen heute das Staubsaugen und das Rasenmähen von Robotern übernehmen. Zudem werden unsere Haushalte immer smarter, so kommuniziert unser Kühlschrank mit dem Smartphone und man kann digital vernetzt seinen Einkaufszettel benutzen.
Bei modernen Flugzeugen ist die zentralste Aufgabe des Piloten, dass Überwachen der automatisierten Prozesse im Flugzeug, denn in vielen Flugsituationen übernimmt der Autopilot die Aufgabe des Steuerns. Wie beim Straßenverkehr übernimmt der Computer die stupiden und langweiligen Aufgaben, so dass sich der Flugzeugpilot auf kontrollierenden Aufgaben beschränken kann. Aber es käme auch keine Fluggesellschaft auf den Gedanken den Piloten zu entlassen, denn die Passagiere vertrauen nur einem Menschen im Cockpit und nicht dem Computer, der den überwiegenden Teil des Fliegens übernimmt. So wie im Straßenverkehr ist der menschliche Fehler die überwiegende Unfallursache, denn der Mensch trifft in Stresssituationen falsche Entscheidungen, die zu Flugunfällen führen.
Was es als Drohnen schon in der Militärluftfahrt gibt, soll auch bei den Bodenfahrzeugen des amerikanischen Militärs kommen. Der amerikanische Kongress beschloss, dass ein Drittel aller Militärfahrzeuge auto-

matisiert fahren soll. Das amerikanische Militär ist auch ein zentraler
Treiber hinter dem Angebot von automatisierten Fahrzeugen, denn
das amerikanische Militär hat schon in der 1990 er Jahren mit Aus-
schreibungen und Fördergeldern sensor- gestützten Fahrzeuge gefördert. Zudem wurden auch komplexe Fahrsituationen durch das Militär
simuliert, so dass sich die notwendige Sensortechnik weiterentwickelt.
Landwirte übergeben das Säen an roboter- gestützte Traktoren und
trotzdem wird es ein steiniger Weg zum roboter- gesteuerten Auto.
Denn der Autofahrer muss die Kontrolle an einen Roboter abgeben
und ist einer Maschine ausgeliefert. Obschon ein Roboter lebenswich-
tige Entscheidungen im Straßenverkehr schneller und sicherer trifft als
ein Mensch. Denn der Computer im automatisierten Auto kennt die
Fahrtstrecke aus den GPS Daten und ist nicht abgelenkt durch ein Han-
dytelefonat. In Millisekunden trifft der Computer dann in komplexen
Verkehrssituationen bessere Entscheidungen , als es ein Mensch kann.
Einige Vordenker des Silicon Valley sehen in dem automatisierten Autofahren eine moralische Entscheidung, denn durch automatisierte
Autos können Tote und Schwerverletzte im Straßenverkehr vermieden
werden.
Es gab in den Jahren 2012 bis 2015 eine Vielzahl von Unternehmens-
beraterstudien, die einen Meinungsumschwung bei den internationalen Autokäufern feststellten. So wird weltweit ein Trend und auch in
Schwellennationen eine positive Einstellung gegenüber dem automatisierten Auto deutlich, die Akzeptanz bei den Autokäufern beziehungsweise Autofahrern war in der Vergangenheit das zentralste Problem.
Diese gesellschaftlichen Veränderungen wie das Eindringen von automatisierten Haushaltsgegenständen in das persönliche Lebensumfeld
und die Erfahrungen von automatisierten Fahrzeugen könnten die Saat
gelegt haben, die in einer Kaufbereitschaft für automatisierte Auto
aufgehen.

Es besteht keine Chance dieses Innovationsthema zu verstehen, wenn man sich mit über die Abstufungen des automatisierten Autofahrens keine Gedanken macht. Denn einerseits gibt es schon länger Elemente des automatisierten Autofahrens und andererseits gibt es das auch schon in Produktionsfahrzeugen schon teilweise in einzelnen Module. Aber anderseits entsteht insbesondere durch den Eintritt der Softwareindustrie im Form von Google oder Apple eine große Innovationsdynamik und es gibt auch ein großes Potenzial zum voll automatisierten Fahrzeug. Ob das voll automatisierte Auto als PKW kommt, ist für mich und meine fachliche Einschätzung nicht klar. Aber ob gewisse Elemente des automatisierten Fahrzeuges sich im Massenmarkt durchsetzen konnte, ist dagegen für mich schon sehr viel wahrscheinlicher.
In der Gegenwart gibt es seitens der Vereinigung der Automobil-Ingenieure eine Skala von automatisierten Fahrzeugen. Dieses Spektrum des automatisierten Fahrzeuges erstreckt sich in einem Spektrum von eins bis vier und ist aufsteigend geordnet, wobei die Vier das voll automatisierte Auto darstellt.
Unter der Stufe eins versteht man gewissen Funktionen, die automatisiert ablaufen, darunter versteht man Dinge, die schon heute Großserienstandard sind. Das umfasst beispielsweise Parksensoren. Mit der Stufe Zwei werden kombinierte automatisierte Funktionen klassifiziert.
Das ist praktisch die Stufe eins mit ein bisschen Intelligenz, der Tempomat erkennt den Stop an Go Verkehr und passt das Fahren an.
Das ist zwar weniger verbreitet als Stufe eins, aber es ist auch schon bei Produktionsfahrzeugen vorhanden.
Bei der Stufe Drei wird die gesamte Fahrzeugkontrolle durch das auto-

matisierte Modul übernommen. Auch diese umfassenden Module sind seit wenigen Jahren in Produktionsfahrzeugen enthalten und über nehmen eigenständig den Einparkvorgang. Lexus ist die Komfortmarke von Toyota und hat dieses Modul schon am Beginn der 2010 er Jahre auf den Markt gebracht.
Nummer vier ist das vollautomatisierte Fahrzeug und in der Forschung der Autoindustrie fahren diese Fahrzeuge auch schon ganz praktisch herum. So gibt es einen netten Youtube Film, in dem man sehen kann, wie ein Audi RS 7 vollautomatisch auf dem Hockenheimkurs eine sehr stattliche Rundenzeit hinlegte.
Die höchste Stufe des voll automatisierte Fahrzeug kommt völlig ohne Einfluss des Fahrers aus.

Kapitel 4 – Was bringt das automatisierte Auto

In einer australischen Studie wurde einmal weltweit erfragt, welchen Tagesabschnitt die Menschen am meisten stört und welche tägliche Aufgabe, die Menschen weltweit am wenigsten mögen. Es war weltweit die gleiche Antwort. Der morgendliche und abendliche Stau auf dem Weg zur und von der Arbeit.
Da könnte automatisiertes Autofahren ansetzen und einen gesellschaftlichen und volkswirtschaftlichen Nutzen bringen, denn mit automatisierten Autos können Staus vermieden werden und die Billionen Stunden verschwendete Arbeits- und Lebenszeit könnten reduziert werden.
Für jede Volkswirtschaft ist es ein erheblicher Nachteil, wenn das Verkehrssystem innerhalb der Volkswirtschaft ineffizient ist. Denn wenn Transportunternehmen ständig im Stau stehen, erzeugt dies erhebliche Mehrkosten. Die Einführung von automatisierten Autos und Transportern kann auch ein erheblicher Wettbewerbsvorteil im internationalen Standortwettbewerb sein. Das Transportgewerbe mit ihren Milli-

arden am Tag Güterbewegungen ist das Rückgrat einer jeden Volkswirtschaft. Dieses System würde effizienter laufen, wenn durch automatisiertes Fahren Staus reduziert würden. Auch in den Megacities der Schwellennationen wie Brasilien oder China sind Staus, so dass autokratische Regime wie in China den Fahrzeugkauf begrenzen. Hier könnte automatisiertes Autofahren die morgendliche Rushhour reduzieren und eine Verkehrssteuerung könnte den Verkehr entzerren und so den Verkehr flüssiger machen.

Sofern sich das automatisierte Autofahren durchsetzt, könnte der Autofahrer die Zeit, die der Autofahrer im Stau steht, produktiv nutzen. Es wäre sogar denkbar, dass in diesem Zeitraum über die digitale Vernetzung des Fahrzeuges Besprechungen abgehalten werden.

Aber neben den ökonomischen Faktoren sollten auch soziale Faktoren in Betracht gezogen werden, denn automatisiertes Autofahren würde Blinden und Älteren mehr Möglichkeiten geben am Verkehr teilzunehmen. Das ist ein nicht zu unterschätzender Faktor, denn Menschen mit Einschränkungen könnten sich wieder sicher im Verkehr fortbewegen.

Kapitel 4 – Wer kauft das automatisierte Auto

Dieser Aspekt sollte nicht im Nachhaltigkeitsbericht eines Autoherstellers verschluckt werden, denn das sich Autos einer älter werdenden Gesellschaft anpassen sollten, ist eine gesellschaftliche Realität der nächsten Jahrzehnte. Denn für die ältere Generation kann ein gutes Modul zum automatisierten Autofahren, ein zentraler Grund für oder gegen den Kauf eines bestimmten Fahrzeuges sein. Gerade dann, wenn altersbedingte Einschränkungen wie schlechtere Sehkraft oder ein eingeschränktes Konzentrationsvermögen sich negativ auf das Autofahren auswirken, könnte automatisierte Fahren den älteren Fahrer entlasten. In einer regnerischen Nacht oder im Morgennebel kann der Computer den Fahrer entlasten und einen sicheren Transport ermöglichen.

Der zentrale Punkt ist aber auch das Durchschnittsalter des durchschnittlichen Autokäufers, denn dass ist schon in der Gegenwart bei 55 Jahren. Da gibt es zwar eine starke Schwankung zwischen den verschiedenen Automarken, aber infolge der demographischen Entwicklung ist davon auszugehen, dass das Alter des durchschnittlichen Autokäufers steigen wird.

Zumal die sogenannten Millennials oder die Generation Y wie diese Altersgruppe von Soziologen genannt wird, hat nur ein eingeschränktes Interesse am Autofahren. Denn das Autofahren verlangt Konzentration und Aufmerksamkeit, die man dann nicht in Facebook und Snapshot investieren kann.

Das Auto als Freiheitsstifter und Bestandteil des modernen Lebens galt für die Geburtsjahrgänge bis 1980, aber bei den jüngeren hat das Smartphone diese Funktion übernommen.

Im Zeitraum von 2008 bis 2013 ist sowohl der Führerscheinbesitz als auch der Autobesitz bei den 18 – 29 jährigen um 7 % zurückgegangen, dieser Effekt zeigt sich überproportional sofern die Jüngeren in größeren Städten wohnen. Häufig wird in den Medien, die Abkehr vom Auto bei den Jüngeren dramatisiert, aber man muss auch in Betracht ziehen, dass ein Wohnort auf dem Lande einen stärkeren Einfluss auf den Autokauf beziehungsweise den Führerscheinerwerb hat als das Alter. Daher müssen sich Autohersteller auf ältere Autokäufer konzentrieren und das könnte sich positiv auf die Verbreitung des automatisierten Autofahrens auswirken.

Man kann, wenn man über den Absatz oder die bedeutenden Kundenpräferenzen der Automobilindustrie schreibt, nicht an China vorbeigehen. Zwar ist die chinesische Gesellschaft verglichen mit den europäischen Gesellschaften nicht so stark überaltert, aber ab 2020 sind 15 % der chinesischen Gesellschaft über 65 Jahre alt. Das mag relativ gesehen nicht viel sein, aber wie immer bei chinesischen Zusammenhängen bedeutet das die 15 % so viele Menschen aus macht wie Frankreich, UK und Deutschland.

Beide Konsumentengruppen also die Jungen und die Alten können als Zielgruppen das automatisierte Autofahren befördern, denn den Jungen also, die um die Jahrtausendwende geborenen, wird die lästige Pflicht zum konzentrierten Autofahren abgenommen und die Älteren erhalten ein Werkzeug um auch im hohen Alter sicher ein Auto zu führen.

Wenn man weiterdenkt und überlegt, dass automatisierte Autos in den Innenstädten herumfahren, dann ist der Schritt zum öffentlichen Nahverkehr nicht weit. Das könnte bedeuten, dass Automobilhersteller mit automatisierten Autos in Konkurrenz zum öffentlichen Nahverkehr treten. Denn wenn man außerhalb der gegebenen Strukturen denkt oder besser gesagt die Strategie der Automobilhersteller weg von Produkthersteller hin zum Mobilitätsdienstleisters ernst nimmt, dann ist es möglich, dass Autohersteller den öffentlichen Nahverkehr übernehmen. Dann könnten automatisierte Autos der erste Schritt sein.

Kapitel 4 – Wann kommt das automatisierte Auto

Momentan sind Experten weltweit sehr bullish über das Thema, ein der omnikompetenten Investmentbanken erwartet 100 % automatisierte Autos im Jahr 2026 und schon in diesem Zeitraum riesige volkswirtschaftliche Ersparnisse, aber in Deutschland wurde der Zukunftspreis an einschlägige Forscher vergeben.

Solche Projektionen sind meiner Meinung nicht realistisch, denn hier werden einfach Produktzyklen der Softwareindustrie auf die Automobilindustrie übertragen, allerdings liegen die Produktentwicklungszeiten der Autoindustrie bei 7 -8 Jahren und das würde bedeuten, dass schon in der nächsten Produktgeneration automatisierte Fahrzeuge auf den Markt kämen.

Die Autoindustrie ist in der Gegenwart mit großen Innovationsfeldern konfrontiert, sei es nun die Elektrifizierung der automobilen Antriebe als auch die Einführung des automatisierten Autos. Nun stellt sich die Frage, wie lange es dauert bis sich Innovationen im Automobilbau durchsetzen. Die Frage kann man nicht beantworten, wenn man den Komplexitätsgrad der Innovationen anschaut. Denn der technisch simple Sitzgurt wurde gleich zu Beginn des Automobilbaus erfunden, braucht dann aber stolze 100 Jahre bis der Sicherheitsgurt Standard wurde. Airbags wurden 1973 patentiert und brauchten 25 Jahre bis sie zum Standard im Autobau wurden. Heute käme niemand auf den Gedanken an der Sicherheitswirkung des Airbags zu zweifeln, aber es war schwierig bis dieses Sicherheitsfeature beim Kunden auf Akzeptanz stieß. Automatikgetriebe wurden schon in den 1930 er Jahren entwickelt und es dauert noch 50 Jahre bis sie sich in der Automobilindustrie durchgesetzt haben. Wenn man hieraus eine Tendenz ableitet, kann man eine Durchsetzung des automatisierten Fahrzeuges erst in den Jahren 2040 und 2050 rechnen. Dazu muss man, aber auch sehen, dass Kostenvorteile durch eine Massenproduktion und politischer Druck zusammenkamen, erst dann setzen sich die Innovationen im Massenmarkt durch. Selbst die Hybridtechnologie wurde 1997 von Toyota auf den Markt gebracht und hat in der Gegenwart nur einen Marktanteil in den zentralen Automobilmärkten von 5 % Marktanteil erreicht.

Allerdings muss man auch beachten, dass sich das automatisierte Auto wahrscheinlich stufenweise und als einzelne Modulare durchsetzt und im Jahr 1995 wurde die ersten Komponenten in die S Klasse verarbeitet.

Die europäische Kommission hat schon in ihrer Rahmengesetzgebung den Weg für das automatisierte Fahrzeug frei gemacht und einige Staaten gewähren Steuervorteile, wenn ein Fahrzeug mit einer automatisierten Notfallbremse auf den Markt kommt.

In der Softwareindustrie wird die Innovationsgeschwindigkeit der Autoindustrie belächelt, nun stellte sich die Frage, welches Innovationstempo sich durchsetzen wird. Sind es die traditionell behäbigen Innovationsmechanismen der Autoindustrie oder wird sich das schnellere Innovationstempo de r Softwareindustrie durchsetzen.

Wie schon beschrieben ist heute in einem Auto mehr Elektronik als in der Mondlandefähre von 1969. Daher nähern sich beide Industrien immer mehr an und es stellt sich die Frage welches Innovationstempo dominieren wird.

Da bliebe noch das Thema automatisierter öffentlicher Nahverkehr, so wurde schon in den Plänen für der automatisierten öffentlichen Nahverkehr in London im Jahr 2050 festgesetzt, aber wenn Politiker ein Ziel für das Jahr 2050 festsetzen, dann sind diese Politiker schon nicht mehr im Amt.

Medial ist das Thema automatisiertes Autofahren sehr populär geworden, da Google seit Ende 2014 die Erlaubnis erhalten hat, ein automatisiertes Auto in Südkalifornien zu testen. In der Schweiz wird ein elektrischer Bus voll automatisiert unter regulären Bedingungen im Jahr 2016 getestet.

Kapitel 4 – Wer will das automatisierte Auto

Ob es einem nun gefällt oder nicht, wenn Google der Suchmaschinengigant sich einem Thema annimmt, dann ist ihm große mediale Aufmerksamkeit sicher. Die Google Vorstände haben bereits 2012 angekündigt, dass die ersten automatisierten Autos im Jahr 2018 auf die Straße kommen. Ende 2014 haben die automatisierten Autos von

Google schon 1 Million unfallfreie Kilometer abgespult und in Kaliforni-
en sind diese automatisierten Autos zugelassen, das wird aber weltweit ein Problem, denn momentan gibt es noch rechtliche Verträge,
die einer Einführung von automatisierten Autos entgegen stehen.
Die begleitende Forschung beziehungsweise Marktforschung hat ergeben, dass bei Konsumenten eine Bereitschaft besteht, sich mit automatisierten Autos fortzubewegen.
Allerdings muss auch beachtet werden, dass diese Forschung von
Google finanziert worden ist. Viele Stimmen meinen aber, dass Google
nicht versucht ein Autohersteller zu werden, denn das wäre auch stra-
tegisch eine schlechte Entscheidung. Viel mehr geht es wohl um automatisierte Taxis oder Busse. Bei der Verbindung zwischen zwei Ver-
kehrsknotenpunkten würde der automatisierte Bus eingesetzt
werden . Das wäre auch ein realistisches Szenario und könnte auch
elektromobile Antriebe in diesen Ansatz integrieren. Allerdings ist eine
Kooperation zwischen Google und Audi beschlossen worden und das
könnte neue Impulse in das Themenfeld automatisierte Autos bringen.
Aber neben diesem neuen Player aus der Softwareindustrie entwickeln
auch etablierte Autohersteller automatisierte Autos.
Der Vorreiter der Sicherheitstechnik im Automobilbau Volvo hat sich
auch eindeutig hinter dem automatisierten Auto positioniert. Zudem
hat Volvo auch schon langjährige Erfahrungen mit einer automatisierten Distanzwarnung. Auch eine softwarebasierte Lenkunterstützung
soll kommen und alle computerbasierten Maßnahmen ordnen sich
dem Ziel unter, dass bis 2020 keine tödlichen Unfälle durch Volvofahr-
zeuge verursacht werden. In Göteburg soll ab 2016 ein Flotte von 100
automatisierten Fahrzeugen getestet werden, dieser Testlauf ist sehr
ähnlich wie die Tests von Google.
Renault und Nissan, die zwei Marken eines Konzerns sind, haben mit-
geteilt, dass bis 2020 automatisierte Autos in den Markt kommen werden. Der französisch japanisch Vorreiter bei Elektroautos will dann
auch bei automatisierten Fahrzeugen vorn mit dabei sein.

Wenn man automatisiertes Fahren als Komfortfeature für ältere Fahrer versteht, dann ist man sehr schnell bei Daimler.

Der gegenwärtige CEO Dieter Zetsche ist ein großer Förderer dieser Technologie, denn dieses Tool passt auch zu der älteren Kundschaft des Daimlerkonzerns. Auch um die Konkurrenz von branchenfremden Akteuren wie die großen Softwarekonzerne vorzubeugen, sind Kooperationsvereinbarungen mit Apple und Google abgeschlossen worden. Die Software kommt von den beiden amerikanischen Konzernen und die Hardwarekomponenten werden von Daimler geliefert. Wie Volvo hat Daimler verkündet, dass bis 2020 keine tödlichen Unfälle mehr durch Daimlerfahrzeuge verursacht werden. Ihre LKW Marke hat 2015 verkündet, dass in der Mitte der 2020 er Jahre LKWs automatisiert auf Autobahnen fahren sollen.

BMW ist weitaus zurückhaltender beim Thema automatisiertes Auto, das ist auch plausibel, denn die Marke des sportlichen Fahrens,hat sich nicht umsonst im Tourenwagensport oder mit Ihren Formel 1 Siegen etabliert, um dann Computer das Fahren übernehmen zu lassen. Noch 2014 hat BMW verkündet, dass für sie der Fahrer im Mittelpunkt steht und nicht das Auto. Nichtsdestotrotz gibt es Versuche mit dem 2- er BMW ein automatisiertes Auto testweise auf die Straße zu bekommen. Honda immerhin mit 90 Milliarden Dollar Umsatz der siebent größte Autohersteller hat schon viele automatische Helferlein in Ihren Autos verbaut. So gibt es Spurhalteassistenten eine Distanzwarnfunktion in den Fahrzeugen von Honda. Auch Honda hat den Zielzeitraum 2020 für die Einführung des automatisierten Auto seitens des Technikvorstandes kommuniziert. Dieser Hersteller will insbesondere das automatisierte Autofahren auf der Autobahn weiterentwickeln. Das bedeutet, dass man automatisch bremst und beschleunigt, wenn der Vordermann oder der folgende Fahrer auf der Autobahn entsprechend handelt.

Toyota hat auch die üblichen Tests wie andere Hersteller, aber richtig klar ist mir das Engagement nicht geworden. Die amerikanischen Hersteller sind merkwürdig unentschieden, was das Thema angeht, General Motors sehen keine Handlungsnotwendigkeit, laut des Vorstands. Die Ausnahme ist allerdings Ford, denn dieser Hersteller arbeitet mit Google an einer Lösung zum automatisierten Auto und sind sehr positiv gestimmt über das automatisierte Auto. Auch analog zu Daimler will Cadillac dass Thema sehr puschen und gegen 2020 ein komplett automatisiertes Auto in den Markt bringen. Denn auch Cadillac hat wie Daimler eine ältere Zielgruppe, die das automatisierte Fahren als Komfortfeature betrachten.

Volkswagen ist in Öffentlichkeitsdarstellung sehr zurückhaltend, aber auch beim zweitgrößten Hersteller laufen verschiedene Testläufe. Schon 2005 gab es bei Volkswagen voll automatisierte Fahrzeuge und Volkswagen ist bei dem Thema vernetztes Auto aktiv. Denn diese beiden Themen gehören dicht zusammen, denn auch das automatisierte Fahrzeug braucht dringend Daten aus externen Quellen.

Nicht zu vergessen darf man bei diesen Themen aufgrund der geringen Fertigungstiefe im Automobilbau die Zulieferindustrie, denn es ist bedeutend wie sich die klassischen Automobilzulieferer in diesem Feld aufstellen. Zumal es einen gewissen Technologiesprung darstellte, denn hier müssen anspruchsvolle Hardwarekomponenten mit einer Software erstellt werden und nicht mehr die klassischen mechanischen Komponenten gebaut werden.

Aber es wird erwartet, dass am Ende der 2010 er Jahre die Massenproduktion erhebliche reduzierte Kosten verursacht hat und die Komponenten des automatisierten Fahrzeuges in der Großserie verbaut werden können.

Kapitel 4 – Wie wird es rechtlich geregelt

Natürlich muss sich auch der politische rechtliche Rahmen dem automatisierten Auto anpassen. Allerdings muss man beachten, dass sich das automatisierte Auto der bestehenden Verkehrsinfrastruktur anpasst und somit mit den Ampeln oder Verkehrsschildern funktionieren kann. Dies gilt im Wesentlichen für alle Projekte, die sich mit dem automatisierten Autofahren beschäftigen und somit ist es nicht notwendig, dass die Verkehrsinfrastruktur sich ändert. Aber im Schweizer Übereinkommen, das kurz nach den Zweiten Weltkrieg abgeschlossen wurde, ist festgelegt worden, dass ein Fahrer immer für das Auto haftet und somit ist ein Autofahrer rechtlich und versicherungstechnisch verantwortlich. Also muss in einem internationalen Abkommen ein Rahmen für das automatisierte Auto abgeschlossen werden. Das ist wie Klimavereinbarungen kein einfaches Unterfangen.

Ein realistisches Szenario ist wohl, das die Einführung des automatisierten Fahrens über den Schwerlastverkehr erfolgen wird. Denn man hat es hier mit professionellen Fahrer zu tun, die durch ein Angestelltenverhältnis zu automatisierten Fahren angehalten werden können. Ich hatte ja schon über die gesellschaftlichen Vorteile des automatisierten Fahrens geschrieben, aber es ist auch für den Spediteur betriebswirtschaftlich sinnvoll, wenn der automatisierte LKW in Praxisbedingungen eingesetzt wird. Denn der Schwerlastverkehr besteht hauptsächlich darin, dass man lange Strecken auf Autobahnen oder Freeways fährt und die Kostenreduktion ist absolut zentral. Zudem sind die Routen sehr vorhersagbar und damit ist der Schwerlastverkehr ein ideales Ziel für das automatisierte Fahren. Zudem ist der Benzinverbrauch und Termintreue absolute Erfolgskriterien im Speditionsgewerbe und damit dürfte bei den entsprechenden Entscheidern eine große Bereitschaft für das automatisierte Autofahren sein. Das bedeutet, dass erst alle LKW -Fahrer und Taxifahrer ihren Job verlieren werden und das in den nächsten Jahren. Wohl eher nicht, denn Verkehrspiloten übernehmen auch nur noch kontrollierende Aufgaben und steuern das Flugzeug mit Autopiloten. Es ist einfach eine sehr große Hürde, wenn im Verkehr fahrerlose Fahrzeuge durch die Gegend fahren. Wenn sich das automatisierte Fahren durchsetzen wird, bleibt die

große Preisfrage, ob und wie sich die Kostenersparnis an die Individuen der Gesellschaft erreicht. Denn ein automatisierter Bus mit einen elektrischen Antrieb wäre günstiger im Betrieb als ein nicht automatisierter Bus ohne elektrischen Antrieb. Daher müsste der öffentliche Nahverkehr eigentlich günstiger werden. Wenn die Kosten durch das automatisierte Fahren reduziert wird, kann der öffentliche Nahverkehr auch besser den Anforderungen einer älter werdenden Gesellschaft gerecht werden. Also kann man die Landbevölkerung mit einer engeren Taktung erfreuen und die Ticketpreise senken. Das wäre eine gute Option für eine Gesellschaft, in der es mehr ältere Menschen und mehr Menschen mit körperlichen Einschränkungen gibt. Wenn die Unfallrate durch automatisiertes Autofahren sinkt, müssten sofern der Wettbewerb funktioniert auch die Versicherungsbeiträge sinken. Dadurch wird Mobilität insgesamt günstiger.
Aber es bleibt die Haftungsfrage, denn diese sind bei menschlichem Fehlverhalten wie Facebooknachrichten beim Fahren schreiben oder unter Alkoholeinfluss Autofahren einfach. Aber was ist, wenn dem Programmier ein Fehler unterläuft. Dies hat es aber auch schon bei konventionellen Fahrzeugen geben. So hat der Audi 100 unbeabsichtigt beschleunigt und das hat zu massiven und erfolgreichen Schadensersatzklagen gegen Audi geführt. Bei Ford kam jemand auf die Idee, den Tank außerhalb der Fahrgastzelle einzubauen, damit führten selbst kleinere Auffahrunfälle zu Feuertoten. Wer trägt also den Schaden, wenn ein automatisiertes Auto einen Unfall baut. Aber wer muss den Fehler auch nachweisen. Soll der Fahrer oder besser der Passagier des automatisierten Autos dem Autohersteller den Fehler nachweisen oder umgekehrt. Wird der Autohersteller also genauso haften, wie Google, wenn man Bombenbauanleitung im Iran lesen kann. Einige Staaten die Herstellerhaftung auszuweiten und den Fahrer des automatisierten Autos zum Passagier zu erklären.
Aber es wird ein Problem für Autohersteller, wenn die erste Überschrift in den Medien erscheint, dass ein automatisiertes Auto ein Kind

tot fährt. Sofern es Probleme gibt, wird die potenzielle Akzeptanz des automatisierten Autos schrumpfen und das jeweilige Markenrenommee gefährden. Man sieht das übrigens gegenwärtig bei den Batteriebränden von voll elektrischen Fahrzeugen, hier steht die Medienberichterstattung in keinem Verhältnis zum technischen Problem.
Die Haftungsfrage ist momentan sehr spekulativ, nur in Kalifornien gibt es eindeutige Regeln seit dem Jahr 2014. So wurde das automatisierte Fahren grundsätzlich erlaubt und der kalifornische Gesetzgeber will einen neuen Führerscheintyp einführen.

Kapitel 5 – Wie werden wir in Zukunft mobil sein

In den 2010 er Jahren kann einige zentrale Veränderung der Mobilitätswirtschaft, es sind gut finanzierte, etablierte Unternehmen in den Wettbewerb mit Automobilherstellern eingetreten. Zudem hat es mit Tesla eine erfolgreiche Unternehmensgründung im Automobilbau gegeben und im Winter 2015 hat Tesla bereits 100000 Einheiten abgesetzt, das entspricht dem Mengenausstoß wie Alfa Romeo. Somit hat es seit dem Zweiten Weltkrieg zum ersten Mal eine erfolgreiche Herstellergründung im Automobilbau gegeben. Das ist ein Ergebnis eines Innovationsprozesses, denn mit der Einführung der Elektromobilität ergeben sich für die Outsider der Automobilindustrie Chancen.
Nicht zu vergessen, dass sich die etablierten Softwarekonzerne der amerikanischen Westküste mit dem Automobilbau beschäftigen und sich ebenfalls als Wettbewerber der tradierten Autohersteller positionieren. Damit gibt es im Automobilbau seit dem Zweiten Weltkrieg zum ersten Mal Bewegung. Der Vollständigkeithalber muss auch die

neue Konkurrenz aus China beschrieben werden, denn ausländische Konkurrenz ist unter den Automobilherstellern nichts ungewöhnliches. Autos aus Japan sind seit 20 Jahren nichts neues, aber mit einer Milliardennation und Ihren günstigen Lohnkosten gewinnt der Wettbewerb aus China an Bedeutung, nun wird man sehen, wie und ob die Chinesen den Automobilmarkt erobern.

Aber wie alle Unternehmen oder Branchen hat die Automobilindustrie mit den Wirkungen der Demographie zu tun. Es müssen also Fahrzeuge hergestellt werden, die älteren Käufern gefallen. Diese Kundengruppe und Ihre Anforderungen habe ich schon bei dem Kapitel über das automatisierte Auto beschrieben. Anderseits müssen natürlich auch die jüngeren Käuferschichten in den Schwellennationen zufrieden gestellt werden.

Insbesondere hat sich in Deutschland die politische Protektion des Automobilbaus geändert. In Deutschland sind 14 % aller Beschäftigten im Automobilbau beschäftigt und ca. 20 % der deutschen Wirtschaftsleistung hängt am Auto, trotzdem hat die deutsche Regierung eine Million Elektroautos als Ziel für das Jahr 2020 festgesetzt. Selbst in Deutschland fördert Umwelttechnologie im Automobilbau und verlangt gleichzeitig von der Autoindustrie Elektroautos. Zudem wird der Staat auch Geschäftsmodelle fördern, die nachhaltigen und grünen Verkehr ermöglichen und entsprechend Anreize verteilen. Diese Einschätzung ist nicht unbedingt neu, aber im November 2014 hat die europäische Kommission eine CO2 Grenze von 120 g CO2 für Neuwagen festgesetzt, trotz der Widerstände der deutschen Premium Hersteller aus Süddeutschland. Zudem hat selbst ein Unternehmen wie Bosch, das ein Flaggschiff des deutschen Maschinenbaus ist für diese härtere Regelung ausgesprochen und das wahrscheinlich, weil man sich etwas von der Förderung der Elektroantriebe erhofft.

Auf diese Faktoren hat die Automobilindustrie auch reagiert und so haben sich die Produktlebenszyklen auch in der Autoindustrie verändert, denn früher hat es zwischen sieben und acht Jahren gedauert, bis ein neues Auto auf den Markt kam und nun gibt es Onlineupdates in jedem Jahr. Darauf muss sich die Autoindustrie einstellen, aber nun kann man in kürzerer Zeit auf Kundenveränderungen reagieren. Es ist natürlich auch vorteilhaft, wenn sich die Automobilindustrie schneller auf veränderte konjunkturelle Veränderungen anpassen kann.

Die Autoindustrie hat auch in den letzten Jahren neue Geschäftsfelder entwickelt, so wäre es vor 20 Jahren undenkbar, wenn Autohersteller sich Geschäftsfelder wie das Carsharing anbieten.

Dieser Trend wird sich weiter entwickeln und es werden neue Geschäftsmodelle durch Autohersteller aufgebaut, das sagen sogar die helleren Leuchten in der Autoindustrie. Denn hinter der Strategie von einem traditionellen Autohersteller zu einem Mobilitätsdienstleister muss man verstehen, dass sich das tradierte Geschäftsmodell verändert und neue im Regelfall online basierte Dienste entwickelt haben. Außerdem gibt es momentan noch sehr große Kapitalbestände und in den letzten Jahren reihte sich ein Rekordjahr innerhalb der Autoindustrie an das nächste. Dieses Kapital wartet auf Anlageoptionen und diese werden in den grünen Technologien liegen.

Kapitel 5 – Das autonome Auto und neue Wettbewerber

Die Autoindustrie ist sehr industriell geprägt und das fällt immer mehr im Vergleich mit anderen Industrien auf. Die Innovationsführer sind die Internet und Kommunikationstechnologien und bei jungen, qualifizierten Arbeitnehmern sehr populär.

Die Autoindustrie hat gegenwärtig keine Probleme Personal zu besetzen, da sollten wir uns nicht missverstehen, aber sie sind auch nicht mehr die coolsten Arbeitgeber.

Momentan besteht die Autoindustrie aus Optimierungsspezialisten, die das letzte Zehntel Prozent an Kostenoptimierung aus den Produktionsprozessen herausholt.

Aber diese Kostenoptimierungsmentalität steht nun auch den Innovationsprojekten im Weg. Denn es fehlen einfach innovative Köpfe in der Autoindustrie und innovationsförderliche Bedingungen in den Organisationen der Autoindustrie. Diese gravierenden Veränderungen kann man nicht mit den Optimierungsspezialisten gestalten.

Wie jedes etablierte Unternehmen haben auch die Automobilkonzerne eine Risikoverweigerung in Ihrer Unternehmenskultur etabliert, nun muss eine Dienstleistungskultur und eine stärkere Softwareorientierung in die Hersteller eingebunden werden.

Allerdings sind diese Themen auch für die klügeren Köpfe in der Autoindustrie nichts neues.

Es werden zwar von deutschen Experten gerne Horrorszenarien vorgestellt, wahrscheinlich auch um Gelder für neue Studien zu gewinnen, in denen man dann Lösungsansätze für diese Horrorszenarien entwickelt.

Aber die Autoindustrie hatte auch immer viele kleine Innovationen wie ABS, Airbag oder EPS , nun sind aber große Innovationsfelder wie eben die Elektrifizierung oder das autonome Fahren.

Natürlich werden neue Wettbewerber wie Tesla oder Google beobachtet. Gerade Google könnte seiner Innovationskraft das automatisierte Autofahren, genauso beherrschen wie Internetsuche, das wäre dann eine ziemliche Entmachtung der tradierten Automobilindustrie. Viele Experten sehen in Google einen zentralen Wettbewerber, die dem eigenen Geschäftsmodell gefährlich werden kann.

Zudem gibt es einige Studien, die besagen, dass Kunden beim automatisierten Auto eher Google als tradierten Autoherstellern trauen. Das liegt sicher oder so kann man vermuten an dem Erfolg beziehungsweise der Innovationskraft der Mutter aller Suchmaschinen.

Allerdings muss man analysieren, dass heutige Autohersteller ohnehin nur Produktionssteuerer sind, also Zulieferteile zu einem Fahrzeug unter Ihrer Marke zusammenfügen.

Die Fertigungstiefe ist bei der Automobilindustrie relativ klein, es wird

also wenig im Haus gefertigt und dann ist es auch nur einer kleiner
Schritt, dass Zulieferkomponenten von Softwarekonzernen eingebaut
werden.

Aber bei den Engpassberufen, die sich mit dem automatisierten Fahrzeug beschäftigen, also Automobil -programmierer sind die Softwarekonzerne wie Apple und Google attraktiver als die klassischen Automobilhersteller. Momentan stellen die großen Softwaregiganten diese
Softwarespezialisten in den Hunderten ein.

Kapitel 5 – Das Elektroauto im Energiesystem

Schauen wir uns einmal die neuen Spieler in der Automobilindustrie an, da wäre natürlich der Elektroautomobilpioneer Tesla, der allerdings mit einer Beteiligung von Daimler als Autohersteller bezeich-
nen kann. Aus den Startup ist ein bedeutender Hersteller mit einem
Ausstoß von 100000 Einheiten geworden und zudem wird die größte
Fabrik für Batterien in Elektroautos in Kalifornien gebaut. Man kann
bei voll elektrischen Auto Tesla immer noch als Technologieführer beschreiben.

2016 soll die Tesla Technologie in einem Kompaktwagen verbaut
werden und mit ca. 30000 Euro angeboten werden, dann würde diese
moderne Technologie auch in Massenautos verkauft.

Tesla hat auch eine Wirkung auf die Energieindustrie, das sollte
man nicht vergessen. Denn mit dem Ausbau der erneuerbaren Energi-
en wird der Energiespeicher ein zentrales Problem . In Deutschland
läuft diese Entwicklung gekoppelt mit dem Ausstieg aus der Atomener-
gie als Energiewende . In dieser Entwicklung spielen Batterien als Spei-
cherlösungen eine zentrale Rolle, denn das Elektroauto könnte als
Energiespeicher genutzt werden.

Ich sehe diese Konzepte eher skeptisch, denn technisch ist es möglich die Batterien als Energiespeicher einzusetzen, aber andere Optio-

nen sind ökonomisch sinnvoller. Wenn man sich den Bau der giganti-
schen Batteriefabrik in Kalifornien von Tesla mit ihrem Investmentvo-
lumen von 5 Milliarden Us- Dollar anschaut, dann geht es eben nicht
nur um die Autoindustrie sondern auch um die Energieindustrie. Denn
der Ausbau der erneuerbaren Energien bedeutet, dass eine Dezentrali-
sierung der Energieversorgung erfolgt und an vielen kleinen Stationen
Energie produziert wird und in das Stromnetz eingespeist wird. Das bedeutet man lässt die Windräder auf seinem Dach laufen und speist diesen Strom ins Netz ein oder in sonnenreichen sind es Solarstationen,
und in diesem Stromsystem braucht hat man keine Kohlekraftwerke,
die immer eine gewisse Grundlast in das Stromnetz einspeisen, und
daher braucht man sehr viele Batterien als Speicher.

Denn Tesla möchte mit Batterien die Energieindustrie aufmi-
schen und den zentralen Engpass des voll elektrischen Autos besetzen.
Da das voll elektrische Auto relativ simpel liegt die größte Wertschöp-
fung in der Batterie und dieses Wertschöpfungspotenzial möchte sich
Tesla sichern. Momentan werden die Batterien des Elektroautos vorwiegend in Südostasien gefertigt und weltweit vermarktet. Die Litium
– Ionen Batterie, die gegenwärtig in den modernen Elektroautos verbaut wird, kommt aus der Hifi Industrie und da sind Unternehmen wie
Samsung vertreten.

Diese Produktionskompetenzen werden nun auch für Elektroautos eingesetzt. Erst im Sommer 2015 hat Daimler seinen Versuch Batterien für Elektroautos in Deutschland zu bauen sang -und klanglos
eingestellt. Im Zuge des Dieselskandals hat Volkswagen versucht wieder das Thema zu forcieren und eine Batteriefertigung in Deutschland
aufzubauen und eine Kooperation mit anderen deutschen Herstellern
zum Bau einer deutschen Batteriefertigung auf die Beine zu stellen.

Die Speicherlösung hat natürlich auch noch einen Bedeutungszu-
wachs von dem nicht stationäre Aufladen zu erwarten, denn mit kostengünstigen Batterien kann die dezentrale Energieversorgung aufgebaut werden. Ikea führte in Ihrer neusten Einrichtungslinie wireless

Charging ein, so haben Apple und Samsung diese Möglichkeit in Ihre Produkten eingeführt.

Wenn es immer mehr Storm abnehmende Geräte gibt, dann muss auch konstant Strom ins Netz eingespeist werden. Daher wird es notwendig, dass die Speicherleistung zu nimmt. Das bietet sich mit den Batterien der Tesla Fabrik an.

In diesem Markt der Speicher tritt Tesla gegen die Energieindustrie an, eine Industrie die ca. 400 Milliarden Börsenwert in den 2010 er Jahren geschrotet hat.

Man sollte an dieser Stelle noch einmal auf Kalifornien eingehen, es mag darin liegen, dass alles was nicht fest ist, irgendwann in Kalifornien liegt, weil es in den Westen der USA fällt.

Auch Tesla hat 2006 in Kalifornien angefangen und ist nun der Vorreiter der Elektromobilität. So hat es wieder in Kalifornien ein Start up gegeben, und den 3-D Druck im Automobilbau eingeführt.

Mir ist dieser Technologietrend noch zu jung, um Ihn in diesem Buch darzustellen, aber natürlich gibt es diese Kalifornienkonnektion.

Es bleibt abzuwarten, ob sich der 3D Druck im Automobilbau durchsetzt und man irgendwann sein eigenes Auto drucken kann. Denn bislang sind alle großen Innovationen in Kalifornien gestartet und man wird sehen, was aus diesen Start ups wird.

Dann gibt es noch den unvermeidlichen chinesischen Konkurrenten BYD übersetzt Build your Dreams, dieses 200000 Mann Unternehmen hat schon 2008 Ihren Ritterschlag aus Omaha von Starinvestor Warren Buffet bekommen. Sein Investment hat sich bereits ausgezahlt. Daimler kooperiert schon mit dieser chinesischen Marke und BYD sind in den frühen 2010 er Jahren die dominierende Macht auf dem stark expandierenden Markt für Elektroauto in China. Das chinesische Unternehmen ist auf keinen Fall der Innovationsführer, dass übernehmen die amerikanischen und europäischen Hersteller. Aber das Fahrzeug kann kostengünstig eine Reichweite von 186 Kilometern anbieten und trifft die Kundenwünsche in den Schwellenmärkten. Leider aber auch verständlich wird der chinesische Markt durch Importsteuern geschützt.

BYD bringt auch schon 4000 voll elektrische Busse in den chinesischen Markt und die komplette Elektrifizierung der Busse wird in den nächsten 3 – 5 Jahren ein Thema in Europa.

Kapitel 5 – Löst Parken einen neuen Goldrausch aus

Sowohl das elektrifizierte Auto, aber insbesondere das automatisierte Auto wird den öffentlichen Nahverkehr verändern. Denn die beiden großen Trends in Automobilbau werden die

Infrastrukturen in den urbanen Zentren verändern und die Innenstädte müssen sich anpassen. Einerseits ist der Ausbau der Ladeinfrastruktur für voll elektrische Fahrzeuge, aber anderseits können voll automatisierte Fahrzeuge für Innenstädte beziehungsweise deren Platzmangel auch ein Lösungsansatz sein. Denn in den Innenstädten wird es weltweit sehr eng, so hat die Londoner Stadtregierung bekannt gegeben, dass bis 2030 die für PKWs nutzbare Fläche um 30 % reduziert wird. Im Weißbuch der europäischen Kommission ist notiert, dass der automobile Verkehr bis 2050 aus den europäischen Innenstädten verschwinden soll. Man geht davon aus, dass in 30 % aller Fahrten in den Großstädten nur darauf abzielen, einen Parkplatz zu finden.

In einigen Studien, die sich mit der Zukunft des Städtebaus beschäftigen, wird schon gefragt, ob voll automatisierte Fahrzeuge überhaupt Autos im klassischen Sinne sind und allerorts werden die Chancen für den innerstädtischen Verkehr hervorgehoben. Das voll automatische Fahrzeug könnte die Parksituation in den Großstädten entspannen und neue Impulse für den öffentlichen Verkehr setzen.

Man sollte sich das so vorstellen, das der Transport in den Innenstädten durch automatisierte Autos übernommen werden muss, diese Fahrzeuge müssten dann auch nicht parken, da sie einfach die nächste

Fahrt übernehmen müssen.

Parken wird weltweit teuer gemacht oder besser gesagt, die Parkfläche wird mit Ihren realen Kosten dargestellt. Denn es ist ökonomisch nicht sinnvoll, dass Innenstadtflächen als Parkplätze genutzt werden. Denn man könnte mit mehr Büroräumen und Geschäftsflächen höhere Gewerbeeinnahmen und dem entsprechenden Steuereinnahmen erzielen.

Natürlich ist auch eine massive Lärmbelastung und Emissionsbelastung in Innenstädten ein Problem, also zu viele Fahrzeuge, die in Innenstädten herumfahren und einen Parkplatz suchen.

In dieser Gemengelage kann man eine positive Prognose für das Carsharing, den elektrifizierten Autoantrieb und das voll automatisierte Auto stellen. Diese Technologieströmungen werden sich in den Großstädten durchsetzen und sie werden von der politischen Seite gefördert.

In Westeuropa kann man im Wesentlichen bei allen großen Städten den Trend festmachen, dass durch eine Innenstadtbegrünung, neue Buslinien und Sicherheitszonen für Fußgänger die Innenstadt immer kleiner wird.

Vorbildhaft sind hier skandinavische Städte, so hat Kopenhagen schon die Hälfte der Stadt für Radfahrer und Fußgänger reserviert.

Der Trend, dass die fossilen Fahrzeuge die Innenstädte verlassen sollen, ist nicht neu und kann in Europa seit den frühen 1980 er beobachtet werden.

Aber das fossile Fahrzeug nur einfach aus der Innenstadt zu verdrängen, macht den Verkehr nicht besser und die Städte lebenswerter.

Es läuft auf einen integrativen Dienst heraus, in dem verschiedene Transportdienste über ein Smartphone gesteuert werden können. Man stelle sich kleine Busse oder Autos vor, die automatisiert fahren und über ein Smartphone herbeigerufen werden können. Der Antrieb müsste, dann voll elektrisch sein und das Fahrzeug wäre dann auf Leichtbau ausgerichtet. Man unternimmt den üblichen Trip in der

Stadt und wechselt dann zu anderen Angeboten des multi modularen Verkehrssystemen.

Das kann also eine Bahnfahrt oder das eigene Auto sein, aber man kann seine Wege mit dem Smartphone steuern.

Wie soll man dieses Konzept klassifizieren, ist das ein Bus oder eine Carsharingansatz.

Ob es am autonomen Auto und den Aktivitäten von Google liegt, aber in der Automatisierung von anderen Verkehrsträgern wie U-Bahnen kommt in diesen Jahren mehr Schwung. Im Jahr 2014 hat die Londoner Stadtregierung 16 Millionen Pfund in die automatisierte U-Bahn investiert.

Gegenwärtig wird aber das autonome Auto nicht in den langfristigen Verkehrsplanungen oder Infrastrukturplanungen berücksichtigt. Aber grundsätzlich ist auch nicht für die Etablierung des autonomen Autos problematisch, denn wie ich im Kapitel über das autonome Auto dargestellt habe, richtet sich das automatisierte Auto an der bestehenden Verkehrsinfrastruktur wie Ampeln oder Fahrbahnmarkierungen aus.

So dass, verglichen mit der Etablierung des voll elektrischen Autos die Hürde zur Einführung des autonomen Autos bedeutend kleiner ist.

Denn es müssen keine Ladeinfrastrukturen wie beim voll elektrischen Auto aufgebaut werden, um das voll autonome Auto einzuführen.

Da bleibt abschließend anzumerken, dass das in Zukunft ein stärkeres Auseinanderfallen zwischen Stadt und Land geben wird. Denn die beschriebenen Maßnahmen betreffen vorrangig den innerstädtischen Raum, aber wie werden sich Menschen über Land bewegen. Vielleicht übernehmen Wasserstoffautos diese Aufgabe, denn der momentane Engpass bei diesem Energieträger ist die Ladeinfrastruktur. Aber auf Überlandtransitstrecken könnte eine solche Infrastruktur aufgebaut werden, es sei mal dahin gestellt, ob es sich um Wasserstofffahrzeuge im privaten Besitz oder im Carsharing genutzt wird.

Also bringen uns automatisierte Drohnen und Autos die Lebensmittel und machen unsere Vorortexistenzen noch komfortabler. Denn eins muss bei Verkehr in den Innenstädten klar sein, es wird in Zukunft einfach weniger Verkehr sein und weniger individuell.
Zudem werden die fossilen Fahrzeuge aus den Innenstädten vertrieben und durch elektrifizierte Antriebe angetrieben.
Das autonome Auto wird wahrscheinlich in Lieferdiensten oder als Ersatz oder Ergänzung des öffentlichen Nahverkehrs eine Rolle spielen. Man wird wahrscheinlich viele Entwicklungen zuerst beim Schwerlastverkehr sehen, denn hier gibt es weniger emotionalen Ballast als beim Personenkraftwagen und Logistiker sind sehr viel kostenbewusster als Privatpersonen. Daher wird sich das autonome Fahrzeug bei den Logistikern zuerst durchsetzen, so dass der Logistik verkehr kostengünstiger und sicherer wird. Diese Technologie eröffnet dem Logistiker Wettbewerbsvorteile und diese wird er wohl auch umsetzen.
Zudem könnte auch die Elektrifizierung des LKW Verkehrs einen Wettbewerbsvorteil darstellen, denn die Logistiker reagieren sehr sensibel auf Preissteigerungen beim Erdöl und daher werden wohl alternative Antriebe bei den Logistikern eine Chance erhalten.
Bei Veränderungen gibt es immer Gewinner und Verlierer, bitte entschuldigen Sie mir diesen Allgemeinplatz.
Aber wenn ich hier zentrale Entwicklungslinien skizziere, dann muss ich den Verlierer benennen. Das könnte die Versicherungsbranche sein, denn wenn weniger Fahrzeuge besitzt werden und weniger Unfälle passieren, weil es automatisierte Fahrzeuge gibt, dann werden due klassischen Haftpflicht – und Kaskoversicherungen als Geschäftsmodell in Gefahr kommen. Schon heute ist dieses klassische Versicherungsgewerbe sehr margenschwach, weil das Internet eine hohe Preistransparenz erzeugt hat.

Natürlich müssen Fahrzeuge in der Zukunft versichert werden, allerdings werden es in der Menge weniger Fahrzeuge sein, die sich in einem Carsharingsystem bündeln.
Natürlich müssen auch Versicherungslösungen für das automatisierte Auto gefunden werden und auch für Carsharing Dienste für Uber müssen Versicherungslösungen gefunden werden.
Es bleibt eben noch viel zu tun, bis wir eine zukunftsfähige Mobilität haben.